SOCIÉTÉ MARSEILLAISE

DE CRÉDIT INDUSTRIEL ET COMMERCIAL ET DE DÉPOTS

CAPITAL SOCIAL : 60,000,000 DE FRANCS

MÉMOIRE

SUR L'AFFAIRE DE L'ENFIDA

PROPRIÉTÉ ACQUISE

DE S. A. KHÉRÉDINE PACHA

(TUNISIE)

PARIS
IMPRIMERIE CENTRALE DES CHEMINS DE FER
A. CHAIX ET Cie
RUE BERGÈRE, 20, PRÈS DU BOULEVARD MONTMARTRE
1881

SOCIÉTÉ MARSEILLAISE

DE CRÉDIT INDUSTRIEL ET COMMERCIAL ET DE DÉPOTS

CAPITAL SOCIAL : 60,000,000 DE FRANCS

MÉMOIRE

SUR L'AFFAIRE DE L'ENFIDA

PROPRIÉTÉ ACQUISE

DE S. A. KHÉRÉDINE PACHA

(TUNISIE)

PARIS
IMPRIMERIE CENTRALE DES CHEMINS DE FER
A. CHAIX ET Cie
RUE BERGÈRE, 20, PRÈS DU BOULEVARD MONTMARTRE
1881

MÉMOIRE

SUR L'AFFAIRE DE L'ENFIDA

(TUNISIE)

Personne n'ignore l'influence que la France exerce depuis longues années en Tunisie, pays qui, par sa configuration, sa position géographique, son climat, son sol, par l'origine, la religion et la langue de ses habitants, ressemble à notre colonie africaine.

Cette prépondérance est due, tant à l'action éclairée et à la sage politique de notre Gouvernement, qu'à l'initiative privée de nos nationaux, qui n'ont pas craint de faire une foule de créations et de risquer des capitaux énormes dans la Régence.

Une compagnie française la sillonne de chemins de fer, et une autre compagnie se prépare à créer un port à Tunis même. La poste, le télégraphe, y sont en des mains françaises, et le seul grand établissement financier et commercial qui existe à Tunis, a été fondé, il y a deux ans, sous le nom de Société Franco-Tunisienne, par le concours et sous le patronage de la Société Marseillaise de Crédit Industriel et Commercial et de Dépôts, et s'est développé depuis lors en se fusionnant avec la Société des Comptoirs Maritimes.

La Société Marseillaise a, depuis longtemps, de nombreuses relations d'affaires avec la Tunisie; et, dans tout ce qu'elle a entrepris, l'intérêt et l'honneur de la France lui ont tenu à cœur autant que les siens propres. Aussi était-il naturel qu'on s'adressât à elle pour la vente des biens que S. A. Khérédine Pacha, ancien premier ministre du Bey de Tunis, et qui, ensuite, a été Grand-Vizir du Sultan, possédait dans la Régence.

Les faits qui concernent cette affaire ont été étrangement dénaturés dans la presse, et ailleurs, par des gens plus ou moins intéressés; il importe de les rétablir sous leur vrai jour et de leur rendre leur réel caractère; car il s'agit ici, non pas seulement d'une question privée, mais bien d'une question nationale et internationale, qui intéresse au plus haut degré la politique extérieure, le prestige et l'honneur de notre pays.

Nous allons le faire voir aussi clairement et aussi succinctement que possible.

I

C'est dans le cours de l'année 1879 que le général Khérédine, ayant quitté Tunis sans idée de retour et s'étant attaché à la cour Ottomane, songea à se défaire des immeubles qu'il possédait en Tunisie.

Il les fit tout d'abord offrir à ses compatriotes, mais sans succès. Leur valeur était considérable, et quelques personnages riches et influents du pays, formant l'entourage du Bey, et parmi lesquels on nommait le premier ministre actuel, Mustapha-ben-Ismaïl, comptaient sur la confiscation éventuelle par leur Souverain, et sur la répartition entre ses favoris de tous les biens du ministre disgracié. C'était, en effet, autrefois la coutume. Mais S. A. Khérédine Pacha, très versé dans les lois et les usages des Musulmans, avait eu soin de faire en sorte que ses titres de propriété fussent établis parfaitement en règle, et il avait même, avant son départ de Tunis, placé ses biens sous la protection de la France.

Ne réussissant pas à vendre ses terres à des Tunisiens, S. A. Khérédine Pacha chercha ailleurs des acheteurs, et il fut mis, par l'entremise d'amis communs, en rapport avec la Société Marseillaise. Cette Société commença par lui avancer des sommes importantes en prenant hypothèque sur ses propriétés ; puis, à la suite de pourparlers et de négociations d'une certaine durée, elle traita de leur acquisition pour le compte d'un groupe de capitalistes de Paris et de Marseille qui s'était formé autour d'elle, et au nom desquels elle continua dès lors les négociations.

Par une lettre du 5 avril 1880, le général s'engageait à vendre en bloc à la Société Marseillaise, ou à tel syndicat qu'elle lui présenterait, tous les biens qu'il possédait en Tunisie.

De tous ces biens, le plus important, celui qui faisait l'objet essentiel de la transaction, était l'Enfida, vaste domaine rural, d'une contenance d'environ 80,000 hectares.

Le contrat était définitif pour le vendeur; mais les acheteurs avaient un délai de six mois (soit jusqu'au 5 octobre), pour le ratifier.

La Société Marseillaise, agissant avec la plus grande circonspection et la plus extrême prudence, voulut mettre à profit le temps qu'elle avait devant elle, d'abord pour envoyer sur les lieux un ingénieur agronome chargé de lui faire un rapport technique et économique sur l'état et la valeur des propriétés; ensuite, et surtout, pour s'entendre avec les représentants du Gouvernement français et pour s'assurer qu'en achetant ces propriétés elle faisait une œuvre française.

Ayant obtenu pleine satisfaction à ce double point de vue, la Société Marseillaise se décida, dès le 29 juillet 1880, devançant ainsi de près de trois mois le terme qui lui avait été accordé, à ratifier définitivement la vente consentie par S. A. Khérédine Pacha, et à le prier de prendre ses mesures en vue des formalités à remplir pour la transmission régulière des propriétés.

Il ne s'agissait plus, en effet, que de dresser les actes de vente suivant la loi tunisienne; ce qui est la condition à laquelle les Européens peuvent devenir propriétaires dans la Régence.

Tout paraissait donc devoir être terminé promptement.

II

Mais l'entourage du Bey, et les partis hostiles à la France ne l'entendaient pas ainsi.

A la première nouvelle de la conclusion du contrat, une coalition fut formée contre les acheteurs; et des intrigues sans nombre furent tramées pour déjouer les projets français.

Dès le mois de juillet, on annonçait qu'une Société Italienne s'était constituée dans ce but; des propositions indirectes, mais dont il serait aisé de retrouver l'origine, furent faites d'une part à S. A. Khérédine Pacha pour le pousser à se dégager de son contrat; d'autre part, à M. Albert Rey, l'un des acquéreurs et administrateur délégué de la Société Marseillaise, auquel on offrit jusqu'à 500,000 francs de bénéfices pour se mettre au lieu et place des acquéreurs.

De son côté, le mandataire de la Société Marseillaise, à peine arrivé à Tunis, vit surgir des difficultés inattendues; et il put constater à chaque pas le mauvais vouloir du gouvernement du Bey et des autorités du pays.

On parlait de la formation d'un groupe composé de membres du Gouvernement et de capitalistes Italiens pour préparer, au sujet de l'Enfida, l'exercice de la Cheffâa, ou droit de préemption, et l'on mettait en avant le nom du général Ben Ayet, familier de la cour du Bey et possesseur d'un immeuble voisin du susdit domaine.

III

La Cheffâa constitue une des dispositions les plus curieuses et les plus subtiles de la loi ou plutôt de la jurisprudence Musulmane.

Elle consiste en ce que le propriétaire d'un immeuble, contigu à un immeuble vendu, a la faculté de se substituer à l'acquéreur de cet immeuble et d'en devenir lui-même propriétaire, en remboursant le prix exact de la vente.

Nous disons qu'elle résulte de la jurisprudence plutôt que de la loi Musulmane.

La loi Musulmane est en effet tout entière dans le Coran, et le Coran ne parle pas du droit de préemption.

Mais la jurisprudence est établie d'après l'autorité de quatre Imans ou docteurs, dont les commentaires forment les quatre grands rites orthodoxes des pays Musulmans.

La Tunisie applique simultanément deux de ces rites, savoir

celui de l'Iman *Maleki* et celui de l'Iman *Hanefi;* il est de règle que les parties peuvent se prévaloir de l'un ou de l'autre, suivant la qualité de demandeur ou de défendeur en laquelle ils se présentent devant les tribunaux.

Or, la jurisprudence malékite n'admet la Cheffâa qu'en faveur du copropriétaire, tandis que les hanéfites l'étendent jusqu'aux propriétaires contigus.

Ce droit singulier s'explique par la préoccupation de sauvegarder la propriété de la tribu, et on peut le considérer comme une conception politique.

Mais il est manifestement excessif, et porte une atteinte grave au droit individuel.

C'est pourquoi la jurisprudence n'a pas manqué d'y apporter divers correctifs.

Il existe en effet deux moyens légaux de se préserver contre la Cheffâa.

Le premier moyen consiste à exclure de la vente, au profit du vendeur, une bande de terrain entourant toutes les limites de l'immeuble vendu. La contiguïté étant la seule raison d'exercer la Cheffâa, le droit se trouve paralysé par cette réserve générale d'une bande de terrain, qui vient s'interposer entre l'acquéreur et les propriétaires voisins du vendeur.

Peu importe d'ailleurs la largeur de cette bande. Les jurisconsultes hanéfites l'admettent de la largeur d'un empan et même d'un pouce; car c'est absolument une question de principe.

Le second moyen, désigné par la loi Musulmane sous le nom de *Kemtcha medjhoula* (poignée de monnaie indéterminée), consiste à ajouter au prix stipulé une poignée de monnaie, dont l'acheteur lui-même ne connaît pas exactement l'importance, de sorte que celui qui veut faire la Cheffâa ignorant *le prix exact* de la vente, se trouve dans l'impossibilité d'en offrir le remboursement; ce qui est une des conditions essentielles pour exercer la Cheffâa.

La Kemtcha medjhoula ne peut être appliquée que par suite d'un accord entre le vendeur et l'acheteur ; et il est indispensable, pour insérer cette clause dans l'acte de vente, que les notaires y soient spécialement autorisés par le Cadi.

D'autre part, et précisément parce que la Cheffâa est un droit excessif, elle est entourée de certaines formalités rigoureuses, dont le but est de pas laisser longtemps la propriété en suspens, et d'assurer à l'acquéreur le remboursement du prix qu'il a payé.

Nous ferons remarquer principalement que celui qui prétend exercer la Cheffâa est obligé :

1° De délimiter la propriété vendue, afin de préciser immédiatement la question de contiguïté ;

2° De payer le prix de la vente immédiatement, le Cadi pouvant tout au plus, dans quelques cas spéciaux, accorder un délai de quelques jours. *(Pièce annexe n° 1.)*

Nous n'avons pas à examiner si des jurisconsultes européens, français ou anglais, pourraient être tentés de ne pas prendre au sérieux les arguties de la Cheffâa.

Il nous suffit de dire que telle est la loi en Tunisie, et de rappeler que, d'après les Traités, les Européens qui veulent acquérir sont obligés de s'y conformer comme les indigènes. C'est bien le moins par conséquent qu'ils aient aussi, comme eux, le droit de s'abriter derrière ses subterfuges.

IV

Les acquéreurs de l'Enfida, qui avaient à se prémunir contre la Cheffâa avaient donc aussi le droit et le devoir de recourir aux moyens que la loi leur offrait ; et, d'accord avec S. A. Khérédine Pacha, qui, ayant fait un commentaire très remarquable du Coran, connaît mieux que personne la jurisprudence musulmane, ils résolurent de s'adresser au Cadi pour lui demander d'autoriser les notaires à insérer dans l'acte de vente la clause de la poignée de monnaie indéterminée ou Kemtcha medjhoula.

C'est là qu'ils rencontrèrent un premier acte de résistance ouverte.

Le Cadi refusa l'autorisation demandée, en disant que l'Enfida avait été cédée à S. A. Khérédine Pacha en échange d'une rente viagère ; qu'il était impossible de fixer le prix exact de cette cession, puisque la durée de la vie humaine est indéterminée, et que la vente, dont le prix est incertain, est nulle suivant le rite hanéfite.

Cette réponse était spécieuse ; et quiconque a un peu d'habitude des pays d'Orient y reconnaîtra la manière de faire des Arabes.

Pour dégager la vérité, quelques explications sont nécessaires.

V

Lorsque Khérédine obtint de la Sublime-Porte, en faveur du Bey de Tunis, la confirmation du droit de succession pour les membres de sa famille, son Souverain lui acorda une très forte pension viagère comme témoignage de la reconnaissance la plus sincère.

Puis, l'année suivante, par un motif dont lui seul était juge, il échangea cette pension viagère contre le don du domaine de l'Enfida, qui ne représentait, à cette époque, pour le Trésor, qu'un revenu presque nul.

Cette donation fut faite dans des formes exceptionnellement régulières; et on le comprend d'autant mieux qu'il s'agissait, à ce moment, d'un échange ou d'une cession, et non plus d'un acte purement gracieux de la part du Souverain.

Aussi, jamais titre de propriété ne fut-il mieux établi que celui de l'Enfida.

En voici d'ailleurs, en aussi peu de mots que possible, toute l'économie.

1° Le Bey, en vertu d'un décret souverain, revêtu de son sceau, constitue une commission d'enquête à l'effet de déterminer avec la plus scrupuleuse clarté d'indication, les limites de tous les terrains appartenant au Beylic et compris sous la dénomination d'Enfida.

2° Cette Commission d'enquête, assistée de tous les tenanciers et fermiers de la propriété, en décrit les limites, précise les enclaves qui y sont renfermées, et dresse de toutes ses opérations l'acte le plus clair et le plus complet qui ait jamais passé sous les yeux d'un homme d'affaires.

3° Les tenanciers déclarent, sous toutes les formes légalement prescrites, qu'ils ont parfaite connaissance de toutes les indications et délimitations qu'ils ont données; qu'il est également à leur connaissance que tous les terrains compris dans lesdites délimitations, sauf ce qui en a été excepté, appartiennent en toute propriété au Beylic, qui en a pleine possession et entière jouissance; que le public les lui attribue, sans qu'il soit à leur connaissance qu'il y ait jamais eu à ce sujet prétention, contestation ou opposition de la part de qui que ce soit.

Ils déclarent en outre que les limites indiquées sont toutes bien claires et évidentes, et qu'on ne peut les méconnaître ni les confondre avec d'autres.

4° Le Bey, agissant en vertu de sa prérogative souveraine, et reconnaissant que l'état des choses pourrait apporter un retard à ce que S. E. Khérédine bénéficiât de sa pension viagère et occasionner un arriéré de sommes échues, déclare avoir pris la résolution de lui échanger ladite pension contre l'Enfida, telle que cette propriété vient d'être délimitée avec tous ses droits, toutes ses utilités actuelles et celles qui pourront y être établies à l'avenir, avec tout ce qui s'y rattache, ainsi qu'avec tout ce qui en fait partie, de manière que ladite pension viagère demeure acquise au budget du gouvernement, et que S. Ex. Khérédine devienne propriétaire absolu (melk) de la totalité de l'Enfida.

En conséquence, et en vue dudit échange décrété et ratifié par S. A. le Bey, ainsi que cela résulte de l'apposition de son noble sceau, il est déclaré que la totalité de l'Enfida est devenue une *propriété absolue (melk)* de S. E. Khérédine, *comme le sont ses autres propriétés et une possession libre de ses possessions ; qu'il a le droit d'en disposer comme il l'entendra et de toutes les manières dont les propriétaires disposent de leurs propriétés (Emlaks), sous la forme la plus absolue, sans que personne puisse lui faire opposition en cela, ni le lui contester.*

5° Un nouvel Amra ou décret souverain du Bey ordonne que Khérédine soit mis en pleine jouissance de l'Enfida et que cette propriété soit rayée des registres des biens du Beylic.

6° Cet Amra est soumis au Comité exécutif de la Commission financière internationale, instituée sous la garantie de l'Angleterre, de la France et de l'Italie, par suite des arrangements survenus entre le Bey et ses créanciers.

Le Comité exécutif déclare avoir approuvé la haute décision de Son Altesse le Bey et avoir écrit à l'Oukil ou administrateur des biens du Beylic de rayer l'Enfida des registres desdits biens ;

7° Enfin, la série des pièces qui constituent le titre de propriété de l'Enfida se termine par la lettre du Comité exécutif de la Commission financière à l'Administrateur des biens du Beylic, lui enjoignant de faire rayer l'Enfida des registres de ces biens et d'aviser à ce que le transfert en soit fait à S.E. le général Khérédine.

Cette dernière pièce porte la signature de M. V. Villet, inspecteur des finances français et vice-président de la Commission financière *(voir pièces Annexes n° 2)*.

VI

En présence d'un titre de propriété aussi bien constitué, on se demande comment un Cadi a pu refuser aux acquéreurs l'autorisation d'insérer dans leur acte d'achat la clause de la poignée de monnaie indéterminée.

Que le rite Hanéfite considère comme irrégulière une cession dont le prix n'est pas exactement déterminé, là en effet n'est pas la question. La cession de l'Enfida à S. E. Khérédine n'est pas un de ces actes notariés ordinaires, sur lesquels un Cadi puisse exercer sa juridiction. C'est un acte solennel du Bey, accompli dans le plein et légitime exercice de sa Souveraineté, revêtu de son sceau, approuvé par le Comité exécutif de la Commission financière. Il a par conséquent un droit absolu au respect de toutes les autorités religieuses ou civiles de la Régence, de tous les docteurs et imans Hanéfites ou Malékites ; et, en le déclarant irrégulier, sous le spécieux prétexte qu'il ne répond pas à une des prescriptions du rite Hanéfite, le Cadi n'a fait que s'immiscer dans une question de souveraineté qui ne le regarde pas, et de prononcer une décision qui ne tend à rien moins qu'à battre en brèche tout le système gouvernemental dont il n'est qu'un rouage secondaire.

C'est pourquoi il est absolument inadmissible que le Cadi ait pris sur lui de repousser la demande des acquéreurs, s'il n'avait eu au préalable un ordre formel du Gouvernement; et c'est en cela qu'apparaît de la manière la plus évidente l'intervention du Premier Ministre, qui est le véritable chef de la coalition formée contre les acquéreurs des propriétés du général Khéredine.

Dans le même temps, d'ailleurs, le Premier Ministre faisait répandre que S. A. Khérédine Pacha n'avait pas le droit de vendre l'Enfida; que ce domaine ne lui avait été donné qu'à titre viager et qu'il devait faire retour aux biens du Beylic.

Chose incroyable, si on ne l'avait lu dans une lettre officielle signée de lui, il allait jusqu'à écrire que la cession de l'Enfida en faveur de Khérédine en échange d'une rente viagère avait été faite sous la pression d'obsessions venant de la part de ce dernier, méconnaissant ainsi l'intervention du Comité exécutif de la Commission financière et insultant en quelque sorte son Souverain et son bienfaiteur, qui lui a donné à lui-même, sans aucune consécration du Comité exécutif, des propriétés, dont l'importance dépasse la valeur de l'Enfida.

Puis, comme consécration des ordres donnés au Cadi, défense était faite aux notaires de passer l'acte de vente de l'Enfida; si bien que les acquéreurs, qui ne demandaient qu'à se conformer aux lois locales, se trouvèrent arrêtés, faute de trouver des notaires pour instrumenter.

VII

La France, cependant, ne pouvait s'incliner devant de pareilles prétentions; car c'eût été admettre que ses nationaux ne pouvaient acquérir en Tunisie que suivant le bon plaisir du Cadi, ou plutôt du Premier Ministre du Bey, qui fait parler et agir le Cadi comme il lui plaît.

Aussi notre Chargé d'affaires protesta-t-il avec une grande énergie et déclara-t-il au Gouvernement du Bey que, dans le cas où la défense faite aux notaires d'instrumenter ne serait pas levée, il autoriserait les parties intéressées à passer leurs actes de vente à la Chancellerie du Consulat de France, conformément d'ailleurs à des usages depuis longtemps pratiqués à Tunis par la Chancellerie du Consulat d'Italie.

Dès ce moment, le Gouvernement du Bey sentit bien qu'il serait obligé, en fin de compte, de céder. Cependant, il ne désespéra pas encore, et il résolut d'épuiser tous les moyens pour arriver à ses fins, c'est-à-dire pour empêcher les propriétés du général Khérédine de passer entre les mains des Français acquéreurs.

VIII

Vers la fin du mois de novembre 1880, S. A. Khérédine Pacha recevait à Constantinople une lettre collective signée par :

Le général Hamida ben Ayet ;
Le général Baccouch ;

Le général Mohamed Mrabet;
Le général Arbi Zarouch;
Le général Hassin Cellouli;
Le général Sadek Bahri bach Hamba;
Le colonel Ali Jouine;
Le schickl l'Ourténi;
Et le receveur général Kaïd Eliaou Scemana,

Tous ministres ou familiers de la cour du Bey de Tunis. Ils lui demandaient de leur céder, à eux, les biens qu'il avait déjà vendus à la Société Marseillaise.

Cette lettre était accompagnée de deux lettres de Mustapha-ben-Ismaïl, Premier Ministre du Bey : l'une officielle, déclarant que les bruits répandus sur l'intention du Bey de contester à Khérédine la propriété de l'Enfida n'avaient aucun fondement, et que S. A. n'avait jamais eu l'idée de reprendre ce qu'elle avait donné ; l'autre confidentielle, engageant vivement le général Khérédine à accepter les offres qui lui étaient faites par le groupe des signataires de la lettre collective. Ces faits sont relatés dans une lettre de S. A. Khérédine Pacha à Clot Bey, son mandataire à Tunis (*Annexe* n° 3).

Or, à la même époque, dans un grand dîner offert par le général Hamida Ben Ayet, et auquel assistaient notre chargé d'affaires M. Roustan, le mandataire de la Société Marseillaise et plusieurs autres de nos compatriotes, le général Ben Ayet, désireux de donner le change sur les intentions et les démarches du groupe dont il faisait partie, portait un toast à la France, applaudissant à ce que faisaient les Français en Tunisie, et déclarant que c'était pour le bien de son pays. Il cita la poste, le télégraphe, les chemins de fer, les bateaux à vapeur, et il termina en félicitant son pays de ce que les capitaux français se préparaient à venir y développer les richesses naturelles du sol.

D'autres membres de la coalition circonvenaient en même temps le mandataire des acquéreurs, et essayaient, au moyen des arguments les plus spécieux et avec les protestations de la plus sincère amitié, de le dissuader de poursuivre l'exécution de ses projets.

Mais une pareille tactique ne pouvait pas réussir.

La réponse du général Khérédine aux lettres si pressantes qu'il avait reçues fut simple et nette : il rappela à leurs auteurs que, lorsqu'il s'était décidé à réaliser ses biens, il avait désiré les vendre, de préférence, à des Tunisiens ; qu'il les leur avait fait offrir, en leur réservant toutes les facilités possibles ; que ce n'avait été qu'après leur refus de les acheter qu'il avait traité avec la Société Marseillaise ; que les acquéreurs étaient maintenant nantis d'un contrat parfaitement en règle, et qu'il ne pouvait convenir à un homme comme lui de manquer à sa parole et à ses engagements (*voir pièce Annexe n° 3*).

IX

Battu de tous côtés, voyant ses intrigues déjouées les unes après les autres le Ministre tunisien parut céder enfin.

Nous disons *parut* céder ; car il savait que la coalition formée sous son patronage tramait, dès ce moment, comme nous allons le voir, la plus perfide de ses attaques.

Quoi qu'il en soit, il donna l'autorisation aux notaires de passer les actes de vente ; et cette difficulté étant levée, l'intention qu'on avait eue de recourir à la Chancellerie du Consulat de France fut abandonnée.

On se mit donc en mesure de préparer la rédaction des actes ; et les acquéreurs, rendus plus prudents que jamais par l'expérience, guidés, en outre, par les sages conseils de leur vendeur et par les instructions très-formelles qu'il avait données à son mandataire, eurent pour premier soin de se prémunir contre toute possibilité de Cheffâa, en faisant usage de la réserve d'une bande de terrain. Cette bande fut déterminée à un mètre de largeur et réservée autour de toutes les limites du domaine de l'Enfida, tant des limites extérieures que des limites résultant de propriétés enclavées.

Les acquéreurs ne devaient donc avoir, de quelque côté que ce fût, qu'un seul voisin, S. A. Khérédine-Pacha.

Une lettre de celui-ci (*Annexe* n° 4) démontre de la façon la plus péremptoire, en se fondant sur les textes rapportés dans tous les Traités de Jurisprudence Musulmane, l'efficacité et la légalité de ce procédé.

X

La coalition résolut cependant de se servir de la Cheffâa, tout au moins comme prétexte, pour susciter de nouvelles complications, et voici le plan auquel elle s'arrêta.

Faire faire la cheffâa par un Sujet Anglais, afin d'intéresser l'Angleterre à cette cause, et de transporter sur le terrain diplomatique une simple affaire locale ;—profiter du trouble qui allait résulter de l'intervention d'un Sujet Anglais, pour se placer au-dessus de la loi et de la procédure de la Cheffâa et entrer violemment en possession du domaine de l'Enfida ; — chercher alors à provoquer un conflit à l'aide duquel on attirerait les acquéreurs devant les tribunaux locaux, comme demandeurs ; — dicter à ces tribunaux leur sentence, et, au mépris de la loi, faire condamner les acquéreurs sur la question de la Cheffâa ;—

faire nommer alors par le Cadi une Commission d'expertise pour arbitrer la part afférente à l'Enfida dans le prix total payé en bloc par les acquéreurs; — fixer cette part à une somme absolument insignifiante, et enfin consommer par là, au profit de la coalition, la spoliation des acquéreurs.

Les faits vont dévoiler jusqu'à l'évidence tout ce plan de campagne.

XI

La personne qui devait être l'instrument docile du complot était trouvée ; c'était M. Joseph Levy, israélite originaire de Gibraltar et Sujet Anglais.

Nous ne voudrions, en cette rencontre, rien dire qui pût être blessant pour M. Joseph Levy ; mais nous ne sortirons pas des bornes d'une légitime défense en affirmant qu'il n'a personnellement ni la fortune, ni le crédit nécessaires pour exercer la Cheffâa sur une propriété aussi considérable que l'Enfida.

Nous trouvons d'ailleurs la preuve évidente qu'il n'agit que comme prête-nom et pour gagner une commission, dans une lettre de son frère, M. Moïse Levy, membre anglais de la commission financière internationale à Tunis.

Cette lettre, qu'on trouvera aux pièces annexes sous le n° 5, et que M. Moïse Levy adressait, à la date du 2 novembre 1880, à un de ses amis de Marseille, dit en termes exprès qu'il a fait des reproches à son frère de s'être entendu avec le général Ben-Ayet, lequel lui a assuré un bénéfice de 200,000 francs, s'il s'engageait à faire opposition à la Société Marseillaise.

Enfin, S. A. Khérédine-Pacha a affirmé lui-même de la manière la plus formelle que M. Joseph Lévy n'avait pas de propriété voisine de l'Enfida, et cette circonstance donne lieu de penser qu'on a fait passer une propriété sous son nom uniquement pour qu'il pût devenir le porte-drapeau de la coalition.

Quoi qu'il en soit, on sait bien aujourd'hui le parti que cette coalition a tiré de la qualité de Sujet Anglais de M. Levy. Elle a envoyé à Londres un avocat anglais de Tunis, M. Broadley, pour agiter l'opinion publique. L'affaire de l'Enfida, complètement dénaturée, a longuement occupé la presse anglaise ; elle a même été portée plusieurs fois jusque devant la Chambre des communes.

Nous avons assurément, trop de confiance dans la loyauté et la droiture de la Nation Anglaise et de son Gouvernement pour penser que la vérité n'ait pas toujours accès auprès d'eux ; mais le but de la coalition, en choisissant M. Levy pour prête-nom, a été largement atteint, et c'est le seul point que nous avions pour le moment à établir.

XII

Revenons à Tunis, afin d'y suivre l'intrigue ourdie contre les acquéreurs.

Comme nous l'avons dit, ceux-ci étaient d'accord avec leur vendeur pour lui réserver la bande de terrain, et ils n'avaient plus qu'à accomplir les dernières formalités requises pour régulariser la transmission des propriétés.

Or il faut savoir qu'en Tunisie, la passation d'un acte de vente comporte plusieurs formalités qui sont de rigueur.

Les parties comparaissent d'abord devant les notaires, qui les interrogent suivant des formules convenues pour s'assurer qu'elles sont d'accord. Elles-mêmes répondent à ces interrogations, à peu près comme cela se pratique encore chez nous pour le mariage.

Ceci accompli, on procède au paiement de la *Caroube* ou droit de mutation. Les notaires ne peuvent rédiger l'acte que sur la présentation qui leur est faite du reçu justificatif du paiement du droit.

L'acte est alors rédigé par les notaires; puis il est présenté à l'administration du timbre qui perçoit un nouveau droit. Ce n'est qu'après l'apposition du timbre que les notaires peuvent signer l'acte de vente.

Mais ce n'est pas tout; dans ce pays de droit formaliste, l'acte n'est complet que par la prise de possession matérielle de l'immeuble vendu, et par la constatation qui en est faite par deux notaires.

XIII

Le 11 janvier 1881, à 4 heures du soir, les accords ayant été solennellement échangés devant les notaires, les mandataires des parties contractantes se présentent pour payer le droit de Caroube s'élevant à l'importante somme de 200,000 francs environ. On refuse leur argent en leur disant non sans ironie:

« Revenez demain matin à 10 heures; on vous rendra réponse, » s'il plaît à Dieu. »

Les acquéreurs crurent tout d'abord qu'on se proposait de refuser l'impôt, afin d'ajourner indéfiniment la consécration de la vente. Mais ils se trompaient; le lendemain en effet on acceptait le paiement intégral du droit. Il ne s'était agi que de donner à M. Lévy le temps de partir immédiatement pour les devancer à l'Enfida et s'y installer avant eux.

Dans le même but et par les mêmes façons de procéder, on les retint jusqu'au soir pour les formalités complémentaires du paiement du droit de timbre.

Enfin, les notaires des parties contractantes qui devaient les accompagner à l'Enfida pour constater la prise de possession, se virent obstinément refuser, par tous les Cadis et tous les Muphtis, l'autorisation spéciale qui leur était nécessaire pour instrumenter en dehors de leur circonscription, alors que M. Levy était parti pour l'Enfida accompagné de deux notaires qui avaient obtenu sans difficulté l'autorisation dont ils avaient besoin.

Cette révoltante partialité pouvant mettre le vendeur et les acquéreurs dans l'impossibilité de constater la mise en possession, notre Chargé d'affaires dut les faire accompagner par le Chancelier du Consulat pour que celui-ci pût, le cas échéant, remplacer les notaires, conformément aux droits consacrés par les Capitulations.

XIV

Néanmoins les mandataires des parties contractantes, qui tenaient à ne rien négliger pour se trouver en situation de se conformer au droit local et de faire dresser l'acte de prise de possession par des notaires plutôt que par le Chancelier du Consulat, emmenèrent avec eux à l'Enfida, un notaire de Tunis resté dévoué à S. A. Kérédine-Pacha, qui, lorsqu'il était Premier Ministre, l'avait autorisé à instrumenter à l'Enfida. Ils durent s'en fier au hasard pour se procurer sur place le second notaire dont ils avaient besoin.

Nous voudrions pouvoir passer plus rapidement sur ces minutieux détails; mais on a tant répété que les acquéreurs des propriétés Khérédine avaient voulu se mettre au-dessus des lois locales, que nous croyons indispensable de montrer par des faits précis que, malgré toutes les difficultés qu'ils ont rencontrées de la part des Autorités Tunisiennes, ils se sont, au contraire, constamment et scrupuleusement imposé le devoir de ne pas s'écarter des lois locales. Et ce n'est assurément pas une des moindres particularités de cette cause, qu'ils se voient reprocher par leurs adversaires, d'avoir voulu s'insurger contre les lois du pays, alors que ce sont ces mêmes adversaires qui les violent si audacieusement.

La prise de possession de l'Enfida par les acquéreurs eut donc lieu le 14 janvier, conformément aux coutumes Tunisiennes, en préseuce du notaire qu'ils avaient emmené avec eux et du Chancelier du Consulat de France. A cet effet, les mandataires du vendeur et ceux des acquéreurs mirent pied à terre à la limite du domaine, échangèrent solennellement les paroles sacramentelles et rappelèrent expressément la réserve de la bande de terrain qui était faite au profit du vendeur. Ils se rendirent ensuite à la maison d'habitation distante d'environ 25 kilomètres de la limite par laquelle ils étaient entrés et y renouvelèrent la solennité de la mise en possession.

XV

Les faits qui précèdent venaient de s'accomplir lorsque les mandataires furent prévenus de la présence dans la cour de la maison d'habitation d'un individu, qui disait se nommer Schembri et être Maltais.

Ce qui a trait à ce soi-disant Maltais, aux questions qui lui ont été posées par M. le Chancelier du Consulat de France, à son refus de montrer aucun pouvoir et de dire pourquoi et au nom de qui il se trouvait à l'Enfida, est fidèlement rapporté dans la protestation que le mandataire des acquéreurs a adressée à notre Chargé d'affaires (*Annexe* n° 6). Il suffit de s'y reporter pour voir que le prétendu Schembri s'était introduit comme l'eût fait un malfaiteur, et que c'est comme tel qu'il a été sommé de vider les lieux, sans qu'il y ait eu besoin d'ailleurs d'employer contre lui aucune violence.

Néanmoins, l'incident relatif à cet individu est de ceux qui ont été le plus dénaturés par les adversaires des acquéreurs. On n'a pas craint d'affirmer que le prétendu Schembri avait montré des pouvoirs et que le colonel Mustapha Morali, mandataire de S. A. Khérédine-Pacha, les avait tenus et lus. Le colonel a même été mandé à cet égard par le bach Muphti (chef des Muphtis), ce qui montre une fois de plus tout l'intérêt que la coalition inspire au Gouvernement Tunisien.

On a également dit que le prétendu Schembri avait été expulsé avec violence et victime de mauvais traitements. Quelle bonne fortune, en effet, si l'on avait pu éveiller dans l'opinion Anglaise de légitimes susceptibilités et provoquer ses justes réclamations ! Quelle excellente occasion d'amener des froissements entre l'Angleterre et la France, alors surtout que les faits s'étaient passés en présence et avec le concours du Chancelier du Consulat de France !

Mais la coalition en a été pour ses frais d'imagination ; tout au plus est-elle parvenue à arracher à des Arabes, tremblants devant les menaces de leur gouvernement, des dépositions mensongères. On a parlé, en effet, à Tunis, d'une enquête qui aurait été faite par des notaires délégués à cet effet à l'Enfida.

Mais de pareils témoignages ne sauraient porter la moindre

atteinte à la vérité. Nous ne craignons ni enquête, ni contrôle, à la seule condition qu'ils soient impartiaux. Nous faisons d'ailleurs appel à cet égard au procès-verbal officiel qui a été dressé sur place, le jour même de l'incident, par M. le Chancelier du Consulat et remis par lui à notre Chargé d'affaires.

XVI

La mise en possession ayant été pleinement et régulièrement accomplie, les fermiers étant venus faire régulariser leurs baux, les nouveaux propriétaires, en un mot, s'étant fait reconnaître par les populations, qui leur avaient fait de leur côté le meilleur accueil, les mandataires reprirent la route de Tunis.

Quel ne fut donc pas leur étonnement lorsqu'ils apprirent que M. Lévy violait audacieusement la propriété de l'Enfida, qu'il y faisait faire des labours et qu'il y avait amené des bestiaux. Fait significatif d'ailleurs, ces bestiaux n'étaient point à lui; mais ils avaient été détachés de troupeaux appartenant à des membres de la coalition, et notamment, au Premier Ministre Mustapha-Ben-Ismail et aux généraux Arbi Zarouch et Mrabet.

Les mandataires apprirent en outre que les populations de l'Enfida, si calmes le 14 janvier, avaient été surexcitées contre les Français, et que le Cheik de l'Islam était lui-même intervenu pour défendre aux habitants de l'Enfida de reconnaître les acquéreurs comme propriétaires et leur refuser tous les renseignements qu'ils pourraient avoir à leur demander.

Devant ces violences, appuyées sur toutes les forces Gouvernementales Religieuses et Civiles du pays, que pouvaient faire les acquéreurs, sinon constater les faits et les déférer à notre Chargé d'affaires, en attendant le moment de les soumettre à l'opinion publique ?

C'est ce qui a été fait.

On en trouvera l'exposé complet et détaillé aux *Pièces annexes, nos 7, 8 et 9*, auxquels nous prions qu'on veuille bien se reporter, afin de nous permettre d'abréger notre récit.

En voyant de quelle façon le Gouvernement Tunisien est intervenu pour exploiter l'ignorance et l'esprit craintif des populations de l'Enfida, pour surexciter leurs sentiments religieux, pour faire appel aux passions les plus ardentes et arriver par là à mettre la propriété des acquéreurs sous une sorte de séquestre, tout esprit impartial n'hésitera pas à reconnaître que la question de l'Enfida se débat aujourd'hui entre le Gouvernement du Bey de Tunis et les acquéreurs Français, et non pas entre ces derniers et un Sujet Anglais; que c'est par pure tactique de guerre qu'on a voulu intéresser l'Angleterre à cette question et essayer de commettre, à l'abri de son pavillon, la plus odieuse des spoliations.

Nous ne nions pas l'habileté d'une semblable conception; mais nous avons aussi confiance dans l'opinion publique pour en faire justice.

XVII

L'illégalité est tellement flagrante, que nous ne ferons pas à M. Lévy l'injure de croire qu'il ne partage pas au fond absolument notre manière de voir.

Il n'ignore pas plus que nous que la Cheffâa est un droit résultant de la contiguïté, et que la contiguïté n'existe pas et ne peut pas exister entre lui et les acquéreurs.

La meilleure preuve d'ailleurs que la Cheffâa n'est pour lui qu'un prétexte, c'est qu'il n'a pas même observé les règles de la procédure relative à l'exercice de ce droit. (*Voir annexes* n°s 1 et 10.)

Il s'est tout simplement borné à adresser une pétition au Consul d'Angleterre pour qu'elle fût transmise au Chargé d'affaires de France, ce qui est absolument irrégulier, le représentant d'une puissance étrangère ne s'adressant jamais directement au représentant d'une autre puissance étrangère pour des matières régies par les lois locales.

Il ne s'est pas davantage conformé à la règle qui prescrit à celui qui exerce la Cheffâa de délimiter l'immeuble qu'il revendique.

Enfin, il n'a jamais fait aux acquéreurs aucune offre réelle de paiement. Il s'est dit, dans sa pétition au Consul d'Angleterre, prêt à payer; on a d'autre part parlé plus ou moins vaguement à Tunis de banquiers, qui auraient engagé leur signature. Mais la Cheffâa ne comporte pas tous ces procédés plus ou moins dilatoires. Elle exige que le remboursement soit immédiat, et qu'il soit fait en la même monnaie que le paiement.

XVIII

Une autre preuve que la coalition ne croit pas elle-même à son droit, c'est l'appel qu'elle fait à l'intimidation et à la corruption en vue d'arriver quand même à ses fins.

Voici deux exemples à l'appui de cette assertion.

1° Dans le courant de janvier, M. Lévy allait en personne chez le notaire des acquéreurs, le nommé Moktar Ben Sléma, et lui offrait 15,000 piastres, pour obtenir de lui qu'il lui fît connaître les délimitations de l'Enfida, ce renseignement lui étant nécessaire pour exercer la Cheffâa.

Mais il se heurtait à une résistance qui fait le plus grand honneur au notaire Moktar.

2° Ce même notaire a été pendant trois jours consécutifs, les 23, 24 et 25 janvier, appelé à comparaître devant le chef des Muphtis. Il s'agissait de lui faire déclarer par écrit qu'il aurait refusé de recevoir la signification de la Cheffâa, ce qui était faux. Ni les menaces du Muphti, ni les poignées d'or offertes par un *Personnage Européen*, qui est intervenu le 3e jour, au moment où on comptait sur la corruption pour mettre fin à toute résistance, n'ont pu déterminer Moktar à trahir la vérité.

Les déclarations du notaire sur cet incident caractéristique ont été faites devant M. le Chargé d'affaires de France et recueillies officiellement par le premier drogman du Consulat.

N'oublions pas de dire ici que les Muphtis sont précisément les hommes qui composent le Tribunal du Charrâa. On voit par conséquent ce que les acquéreurs auraient à attendre d'une pareille justice.

Aujourd'hui, la coalition paraît vouloir pousser encore plus loin l'audace et la fraude.

Elle aurait imaginé, nous dit-on, de constituer M. Levy propriétaire de terrains situés dans l'Enfida par les moyens suivants. On se serait entendu avec d'anciens locataires de terres appartenant à S. A. Khérédine-Pacha et pour lesquelles ils payaient à ce dernier une redevance annuelle. En corrompant des notaires du village d'Acouda près de Sousse, lesquels se sont acquis une triste renommée en matière de faux titres, on aurait fabriqué et antidaté des titres pour transformer en propriétaires les simples locataires de S. A. Khérédine, et d'autres titres, également faux, par lesquels ces pseudo-propriétaires auraient vendu leur prétendue propriété à M. Lévy à une date antérieure, bien entendu, à la prise de possession de l'Enfida par les acquéreurs.

Des combinaisons aussi monstrueuses pourraient paraître à des Français dépasser les limites de la vraisemblance. Mais il faut se rendre compte que nous sommes en Tunisie, que les notaires ne gardent pas de minutes de leurs actes, qu'il n'existe ni transcription ni régime hypothécaire, et que la propriété repose sur un titre qui passe du vendeur à l'acquéreur, ou même du propriétaire au prêteur sur immeubles, avec la plus grande aisance. Aussi les titres faux ne sont-ils pas rares dans la Régence. On supplée d'ailleurs aux titres perdus en les remplaçant par des actes de notoriété ; et l'on conçoit dès lors toutes les facilités qu'un pareil régime offre à la fabrication des titres de propriété.

Lorsque nous voyons toutes les manœuvres auxquelles se livre la coalition pour faire réussir la prétendue Cheffâa de M. Lévy, nous sommes autorisés à craindre qu'elle ne recule même pas devant la production de faux titres, obtenus dans les conditions dont nous venons de parler.

XIX

En résumé, le titre de l'Enfida est absolument irréprochable, et S. A. Khérédine Pacha avait le droit incontestable de vendre cette propriété à la Société Marseillaise.

Le gouvernement du Bey a commis un déni de justice en faisant refuser aux acquéreurs par une décision du Cadi de se garantir contre la Cheffâa par la clause de la poignée de monnaie indéterminée.

Mais à défaut de cette garantie, moins sûre d'ailleurs que celle qu'ils ont employée, la bande de terrain les préserve d'une manière absolue contre toute Cheffâa, qu'elle provienne d'une propriété contiguë ou d'une propriété enclavée;

La prétendue Cheffâa de M. Lévy n'est par conséquent qu'un prétexte mis en avant par le Gouvernement Tunisien pour arriver à spolier les acquéreurs; car c'est ce Gouvernement qui apparaît de la manière la plus évidente derrière M. Levy;

Celui-ci n'est qu'un prête-nom, agissant avec l'appui de toutes les autorités civiles et religieuses du pays, disposant ouvertement des Cadis, des Muphtis, et même du Cheick de l'Islam;

C'est grâce à cette complicité que M. Levy, se plaçant au-dessus de toutes les lois locales et particulièrement en dehors de toutes les règles de la Cheffâa, peut impunément, depuis un mois et demi, violer la propriété des acquéreurs, fanatiser des populations tremblantes devant l'autorité de leurs chefs, et exposer les agents des acquéreurs à mille provocations et à mille dangers.

Et qu'attend-il de tous les moyens d'intimidation et de corruption qu'il met en œuvre?

Il attend le double résultat que voici :

1° Donner le change à l'opinion publique en Angleterre, et faire croire à un intérêt Anglais, alors qu'il n'y a en jeu que des convoitises Tunisiennes;

2° Lasser la patience des propriétaires véritables et les amener à l'attaquer devant les tribunaux locaux, dont le gouvernement Tunisien dictera la sentence.

XX

Tels sont les faits que nous dénonçons à l'opinion publique Il importe qu'elle soit édifiée sur la façon dont sont traités des Français, par le gouvernement du Bey, dans cette Régence de Tunis, qui est si rapprochée de notre colonie algérienne, et où notre influence s'est longtemps exercée et devrait toujours s'exercer sans rivale, parce qu'elle est tout entière au profit de la Régence et parce qu'elle est une garantie essentielle de la sécurité de notre possession Algérienne.

Loin de nous assurément la pensée de vouloir nous y placer au-dessus des lois locales ! Quoi qu'on ait pu dire ou écrire sur ce sujet, les acquéreurs des propriétés de S. A. Khéredine Pacha n'ont jamais eu l'idée de se soustraire aux lois locales ; et dans tout ce qu'ils ont fait, ils s'y sont, au contraire, conformés de la manière la plus absolue.

Mais ils ont aussi le droit de demander à n'être pas spoliés par une intrigue qui dispose de toutes les forces gouvernementales du pays et qui cherche à les attirer devant des tribunaux qu'ils ont toute raison de tenir à l'état de suspicion légitime.

La Société Marseillaise agit, en définitive, pour le compte d'une collectivité, et elle représente des intérêts multiples et considérables. Depuis deux ans qu'elle s'occupe de l'acquisition des propriétés de S. A. Khéredine Pacha, elle a reçu de chacun des Ministres qui se sont succédé aux Affaires Étrangères, les encouragements les plus formels, les assurances les plus précises que ses projets et ses actes ont l'approbation du Gouvernement Français. Elle a, du reste, en toute circonstance, sollicité et obtenu le concours, les conseils et la protection du Chargé d'affaires de France à Tunis, et elle peut se rendre cette justice qu'elle n'a rien fait qui ne fût absolument approuvé par lui.

Elle est absolument en règle avec les traités internationaux.

Elle a payé le prix de ses acquisitions ainsi que tous les droits de mutation et de timbre.

Et malgré cela, elle est empêchée de jouir paisiblement de sa propriété, parce qu'il a plu à un Sujet Anglais, agissant à l'instigation et pour le compte d'un groupe Tunisien, de prétendre exercer un droit de Cheffâà, alors qu'il n'a rempli aucune des conditions voulues pour pouvoir le faire!

Nous sommes convaincus que tous ceux qui se préoccupent de la justice, que tous ceux qui se préoccupent de l'honneur de la France, de son prestige à l'étranger et de la nécessité qui s'impose pour elle de protéger ses nationaux quand leur cause est juste, se demandent anxieusement ce que va faire la France pour obtenir la cessation des avanies et des dommages que subissent en ce moment les acquéreurs des propriétés de S. A. Khéredine Pacha et pour protéger leurs agents.

Pour les acquéreurs des propriétés Khéredine,

ALBERT REY,

Président de la Société Marseillaise du Crédit Industriel et Commercial et de Dépôts.

PIÈCES ANNEXES

N° 1.

Note sur la Cheffâa.

N° 2.

Extraits du titre de propriété de l'Enfida.

N° 3.

Lettre de S. A. Khérédine Pacha à Clot Bey son mandataire, au sujet de l'offre qui lui était faite par un groupe Tunisien d'acheter ses propriétés.

N° 4.

Lettre de S. A. Khérédine Pacha sur l'application de la Cheffâa d'après la loi musulmane.

N° 5.

Lettre de M. M.-P. Levy, membre Anglais de la Commission financière et frère de M. Joseph Levy.

N° 6.

Protestation de M. Chevallier-Rufigny, *mandataire de la Société Marseillaise*, au sujet de la présence du soi-disant Schembri dans la maison de l'Enfida.

N° 7.

Lettre protestative de M. Chevallier-Rufigny à M. le Chargé d'affaires de France, au sujet des violations de propriété commises sur le territoire de l'Enfida.

N° 8.

Rapport sur ce même sujet.

N° 9.

Lettre de M. Chevallier-Rufigny au sujet de l'intervention du Cheick de l'Islam et constatations du notaire sur ce point.

N° 10.

Consultation sur le fait de M. Levy prétendant exercer la Cheffâa sur l'Enfida.

ANNEXE N° 1.

Note sur la Cheffâa.

La cheffâa ou *droit de préemption*, est le droit, pour le propriétaire d'un immeuble contigu à un immeuble vendu, de se substituer à l'acquéreur de cet immeuble et d'en devenir lui-même propriétaire en payant le prix de la vente.

Deux Rites, ou interprétations de la loi, sont également en vigueur dans la régence de Tunis, *le Rite Hanéfite et le Rite Malékite.* Le Rite Hanéfite seul admet la cheffâa. Le Rite Malékite ne la reconnaît pas, sauf en faveur du copropriétaire.

§ 1.

Celui qui veut exercer la cheffâa doit, pour rendre son intervention valable, faire sa déclaration, dès qu'il a connaissance de la vente, à la personne même qui lui annonce la vente, dans le lieu même où il se trouve.

Puis, sans le moindre retard, il doit se présenter devant un notaire (et son collègue), et renouveler sa déclaration en indiquant la propriété vendue, et en la délimitant, afin de bien préciser la question de contiguïté, en vertu de laquelle il exerce la cheffâa.

Immédiatement après, et étant accompagné de ses deux notaires, il doit renouveler sa déclaration, soit au vendeur, soit à l'acheteur, soit sur le terrain même de l'immeuble qu'il prétend enlever à l'acquéreur.

Mais il y a pour lui obligation de s'adresser à qui, à ce moment, se trouve le plus rapproché de lui, que ce soit le vendeur, que ce soit l'acheteur, que ce soit l'immeuble, objet de la vente.

Après toutes ces déclarations, il doit se présenter devant le Cadi, pour lui demander d'autoriser les notaires à lui dresser son acte de cheffâa.

Le Cadi, sur une nouvelle demande de celui qui prétend exercer la cheffâa, fait alors appeler les parties pour leur notifier qu'il y a cheffâa, et rendre sa décision sur le point de savoir si la cheffâa est faite valablement ou si elle n'est pas acceptable.

Les parties se trouvant ainsi en présence du Cadi, *le prix de la vente doit être payé immédiatement.*

Le Cadi peut cependant accorder un délai de quelques jours. Ordinairement ce délai se règle à raison de certaines distances ou de l'importance de la somme à payer, et il est très court.

La décision du Cadi déclarant la cheffâa acceptable est, comme toute autre décision de ce magistrat, sujette à appel devant tout Cadi ou Muphti des pays musulmans en général.

Celui qui n'aurait pas eu connaissance d'une vente, au moment où l'acte a été passé, pourrait encore exercer la cheffâa à une date postérieure, mais à la condition de prêter serment qu'il n'avait pas eu jusque-là connaissance de la vente.

On admet généralement que l'ignorance de la vente puisse se prolonger au maximum pendant un an.

L'acheteur a deux moyens de se garantir contre la cheffâa.

1° La *Kemtcha Medjhoula* ou poignée d'argent indéterminée.

Celui qui veut faire la cheffâa étant obligé de rembourser *le prix exact* de la vente, cette poignée indéterminée et inconnue de l'acheteur lui-même, vient s'ajouter au prix *pour en dissimuler le montant* et en rendre, par conséquent, l'offre impossible.

Les notaires ne peuvent passer un acte avec cette clause qu'autant qu'ils y sont autorisés par le Cadi.

2° Le second moyen, dont l'efficacité est unanimement reconnue par les décisions de tous les tribunaux musulmans, consiste à exclure de la vente, au profit du vendeur, *une bande de terrain* entourant les limites de la totalité de l'immeuble vendu.

La circonstance de contiguïté étant la seule raison d'être de la cheffâa, le droit se trouve paralysé par cette réserve générale d'une bande de terrain, qui vient ainsi s'interposer entre les propriétaires contigus du vendeur et l'acquéreur.

La formule ci-dessus s'applique, dans sa généralité, aux terrains, contigus à l'immeuble du vendeur et aux terrains enclavés dans ledit immeuble.

La bande réservée n'a d'ailleurs pas besoin d'être d'une largeur déterminée. Il suffirait qu'elle fût de la largeur de la main ; car c'est là une question absolument de principe.

L'État et les biens Habbous ou biens religieux ne sont jamais admis à faire la cheffââ, et personne ne peut non plus l'exercer contre eux.

§ 2.

Tout ce qui précède est tiré du rite hanéfite, le seul qui reconnaisse le droit de cheffâa.

Il est, en outre, un principe général de droit musulman que nous ne devons pas omettre de mentionner ici, à cause des conséquences très importantes qu'il peut avoir au point de vue de la cheffâa.

Ce principe est que celui qui est *légalement* en possession a le rôle de défendeur, et qu'il peut repousser l'action du demandeur en se déclarant malékite.

Mais celui qui se met en possession illégalement ne commet qu'un acte de violence. Tel est notamment celui qui se mettrait en possession d'un immeuble vendu avec la réserve de la bande de terrain, sous le prétexte mensonger d'exercer un droit de cheffâa que la loi lui refuse.

La prise de possession se constate par la descente sur les lieux, par l'action de parcourir le terrain ou l'immeuble acquis, et par l'attestation de notaires qui déclarent qu'ils ont constaté la prise de possession.

Tunis, le 24 janvier 1881.

Signé : H. Chevalier-Rufigny,

avocat, mandataire de la Société Marseillaise.

ANNEXE N° 2.

Extraits du titre de propriété de l'Enfida.

N. B. — La Commission de délimitation de l'Enfida, composée de syndics d'agriculture et de notaires désignés en vertu d'un Amra du Bey, et assistée des cultivateurs qui avaient la parfaite connaissance des lieux, ayant accompli sa mission, le titre porte ce qui suit :

. . . .

Après l'accomplissement de cette tournée, et après que lecture des indications et descriptions, suivant les détails ci-dessus, a été faite à chacun des groupes précités, les susdits tenanciers déclarent ce qui suit, sous toutes les formes légalement voulues, afin qu'acte en soit pris, et afin que les soussignés notaires réfèrent leurs dispositions audit Cadi par lequel ils ont été spécialement délégués pour les recevoir en son nom sur les lieux mêmes :

Qu'ils ont parfaite connaissance de toutes les indications et délimitations qu'ils ont données des susdits Henchirs ;

Qu'il est également à leur connaissance que tous les terrains compris dans lesdites délimitations, sauf ce qui en a été excepté, appartiennent en toute propriété au Beylic, qui en a pleine possession et entière jouissance ; que le public les lui attribue sans qu'il soit à leur connaissance qu'il y ait jamais eu à ce sujet prétention, contestation ou opposition de la part de qui que ce soit jusqu'à ce jour.

Chacun d'eux ayant reconnu *de visu* les limites qu'il a indiquées, suivant la désignation ci-dessus, nous autorise à rapporter sa déposition au Cadi précité, ce dont les soussignés notaires prennent acte.

Après l'accomplissement de la tournée générale, les quatre précités syndics ayant parfaitement reconnu toutes les lignes de démarcation telles qu'elles ont été décrites, suivant l'attestation des déposants susmentionnés, dirent :

« Jugeant d'après la régularité des choses et des indications qui en » ont été faites : ces délimitations que nous avons vues et observées, » et que chacun des groupes des tenanciers susdits a parfaitement » reconnues dans leurs détails ci-dessus spécifiés, sont toutes des » limites bien claires et évidentes, qu'on ne peut méconnaître ni » confondre avec d'autres. »

Cette déclaration a été faite verbalement à notre maître le Cadi, qui l'a reçue et en a pris acte de la manière la plus légale, autorisant les soussignés notaires à en prendre acte de même.

Les soussignés notaires s'étant rendus sur les lieux précités, accompagnés des personnes susmentionnées, ayant vu et entendu tout ce qui a été ci-dessus relaté, ayant été délégués pour le rapport des dispositions précitées de la manière ci-dessus indiquée, en prennent acte dans ce document, d'après l'autorisation du précité Cadi, autorisation qui est ratifiée par l'apposition de son illustre sceau.

De même, la capacité dudit général est constatée par l'apposition ICI MÊME de son illustre sceau.

Pour les autres comparants, les conditions voulues par la loi ont été reconnues et leur identité a été dûment constatée d'après connaissance personnelle pour les uns et l'affirmation des tiers pour les autres, suivant la forme légale.

Cette enquête a été commencée samedi 27 Moharem et terminée jeudi 3 Sfar 1289. La déclaration verbale des syndics par devant le Cadi a été faite le samedi 5 Sfar de la même année.

L'original de ce document est signé par Ahmed Ghoula et Mohammed ben Sléma, tous deux notaires de la ville de Kérouan.

Au commencement de l'acte original est apposé le sceau du Cadi de Kérouan et sur le mot ICI celui du général Mohammed Elmourabet, Commandant la division militaire et Gouverneur de ladite ville.

Cette copie conforme à l'original a été extraite d'après l'autorisation du très illustre Scheik le Cadi Maleki (que Dieu conserve), autorisation confirmée par l'apposition de son sceau au commencement de cet acte.

Nous attestons ici de tout ce qui précède, à la date du 16 rabia Ettani 1289.

Signé et paraphé : MOHAMMED BEN AISA,
MOHAMMED EL MOUKTAR SCHOUIHA,

Notaires.

Louanges à Dieu ! *(Locus Sigilli* de S. A. le Bey).

Notre Auguste Maître et puissant souverain *(suivent les titres et invocations qui lui sont ordinairement attribuées)* le Mouchir Mohammed Essadeck Pacha Bey, possesseur du royaume de Tunis, en vertu de sa prérogative souveraine et guidé par sa haute sollicitude des intérêts de son royaume, atteste qu'ayant reconnu les nombreux et éclatants services que lui a rendus son serviteur, l'excellent, magnanime, très illustre, etc., etc., etc., le général Kaïr Eddine, ministre dirigeant, a cru lui accorder en récompense desdits services la somme de soixante-quinze mille piastres tunisiennes annuelles, et il a décrété cela par son ordre souverain en date du 7 ramadan 1288 dont les soussignés notaires ont pris connaissance.

Ce décret porte que S. A. a constitué cette pension viagère à son dit serviteur en récompense des services signalés qu'il a rendus au gouvernement de son maître et à son royaume.

Ces services n'ayant jamais cessé d'être visibles, manifestes et évidents aux yeux de tous, notre maître le Souverain, reconnaissant que l'état des choses pourrait apporter un retard à ce que S. E. ledit Ministre bénéficie de la pension viagère et occasionner un arriéré de sommes échues, il a eu la pensée de lui échanger ladite pension contre le henchir Enfida *délimité au recto du présent*, avec tous ses droits, toutes ses utilités actuelles et celles qui pourront y être établies à l'avenir, tout ce qui s'y rattache, ainsi que tous les henchirs qui en font partie, suivant les délimitations ci-derrière indiquées, de manière que les dites soixante-quinze mille piastres demeurent acquises au budget du Gouvernement et que le Ministre dirigeant précité devienne propriétaire absolu (*Melk*) de la totalité du susdit henchir, de ce qui en dépend et de ses droits, tels qu'ils ont été reconnus et compris dans les délimitations relatées ci-derrière de la manière la plus complète.

Ledit Ministre ayant accepté cela dans la forme voulue, a requis les soussignés notaires d'en prendre acte sous cette date.

En conséquence de ce qui précède et en force dudit échange, qui a été décrété et ratifié par notre Auguste Maître, comme il résulte de l'apposition de son noble sceau devant la formule : louanges à Dieu ! qui est au commencement de cet acte, la totalité de cet henchir susdit et tout ce qui est de ses droits et annexes connus sous la dénomination de henchir « Enfida » est devenue *une propriété absolue (Melk)* de S. Ex. le Ministre dirigeant, *comme le sont ses autres propriétés et une possession libre de ses possessions ; qu'il a le droit d'en disposer comme il l'entendra et de toutes les manières dont disposent les propriétaires de leurs propriétés (Emlaks) sous la forme la plus absolue, sans que personne puisse lui faire opposition en cela ni le lui contester.*

Tout ceci a eu lieu après que sa valeur a été appréciée, ainsi que celle de ce que le gouvernement a pris en compensation, et *après que tout ce henchir, ses annexes et ses dépendances ont été reconnus appartenir (Melk) au Gouvernement, sans contestation ni opposition de la part de qui que ce soit.*

S. A. étant dans l'état le plus parfait de capacité, ordonne aux soussignés notaires de prendre acte de ce qui précède, acte qu'il ratifie par l'apposition de son noble sceau à l'endroit déjà indiqué.

De même, acte est pris de toutes les déclarations précitées, faites par son Ministre susdit, qui, lui aussi, se trouve dans les pleines conditions requises par la loi, ce qui est prouvé par sa signature apposée après celle des notaires soussignés.

Ecrit à la date du 12 Rabia Ettania de l'année 1289.

Voici la teneur du décret souverain :

« De la part du serviteur du Dieu très haut, celui qui se confie en lui » et duquel dépendent toutes ses actions, le Mouchir Mohammed Essadeck Pacha Bey, que Dieu approuve tous ses actes et lui accorde la » grâce d'accomplir ses désirs, fait connaître à tous ceux qui les pré-

» sentes verront, fonctionnaires ou simples citoyens, que le magnanime » et glorieux général notre fils Kaïr-Eddine, nous ayant rendu les » plus éclatants services, dont les preuves nous sont acquises, services » qui nous ont satisfait à tous les points de vue, et rempli le cœur » de contentement; qu'il a mérité par cela que nous lui délivrions » les présentes, comme démonstration du zèle qu'il a constamment » apporté dans ses bons services et comme preuve de notre satisfaction » et de notre contentement, et pour que tout cela soit manifesté aux » yeux de tous, nous lui avons accordé pour l'avenir, à titre de pen- » sion viagère, une somme annuelle de soixante-quinze mille piastres, » en sus de ses émoluments ordinaires, espérant que Dieu lui vienne » en aide dans la continuation de ses bons offices;

» Ordonnons à tous ceux qui les présentes liront de se conformer à » leur teneur et de les exécuter à la lettre.

» Toutes nos actions émanent du tout-puissant.

» Écrit et donné en notre palais du Bardo le 7 Ramadan 1288. »

Les soussignés notaires ont constaté que ce décret est muni du noble sceau de Son Altesse.

La transcription qui en est faite ici est conforme à l'original.

Dieu est notre juge et le prophète notre protecteur.

Signé et paraphé : MOHAMMED ELMOKHTAR CHOUIKHA,
et MOHAMMED ELAZIZ BOUATTOUR,

notaires.

Signé : KAÏR-EDDINE.

PIÈCES ANNEXES AU TITRE DE PROPRIÉTÉ DE L'ENFIDA.

Louanges à Dieu !

Copie d'un Amra de S. A. le Bey, en date du 16 Rabia Ellaouel 1290 n° 488.

Après les compliments d'usage. Au très honoré et très distingué Ministre, Conseiller général, Si Khaïr-Eddine, Président de la Commission financière.

Nous avons décidé d'échanger la somme portée au budget de notre Gouvernement, soit 75,000 piastres comme pension annuelle et viagère accordée au ministre conseiller notre fils Kaïr-Eddine contre le henchir Enfida, qui fait partie des biens du Beylik, en sorte que ladite somme reste au Gouvernement et que notre susdit fils dispose dudit henchir en qualité de propriétaire. Ayant décidé ainsi définitivement, ordonnons qu'il entre en pleine jouissance du susdit henchir à partir du mois d'octobre de l'année 1288, déjà écoulée, en conformité du document établissant cet échange, qui a été ratifié par nous.

Ainsi, vous aurez à rayer des registres des biens du Beylik le susdit henchir, dont la propriété est passée à notre fils susdit. Salut, etc.

Copie de la réponse du Comité exécutif à S. A. le Bey, en date du 23 Rabia Ellaouel 1290

Ce ministère a pris connaissance du contenu de l'Amra que V. A. lui a fait l'honneur de lui adresser à la date du 16 de ce mois, concernant la haute décision de V. A. pour l'échange de la somme portée sur le budget du Gouvernement, soit 75,000 piastres, comme pension annuelle et viagère accordée au Ministre Conseiller, serviteur de V. A. contre le henchir Enfida, qui fait partie des biens du Beylik, en sorte que ladite somme reste au Gouvernement et que ledit henchir devienne *la propriété absolue (melk)* du serviteur de V. A., *et qu'il en dispose librement comme tous les propriétaires disposent de leur propriété*, à partir du mois d'octobre de l'année 1288 déjà écoulée, en conformité du document établissant cet échange, qui a été approuvé et ratifié par V. A. ainsi que l'ordre de V. A. de faire rayer le susdit henchir des registres des biens du Beylik. Nous avons l'honneur de porter à la connaissance de V. A. que ce ministère, tout en approuvant la haute décision de V. A., a déjà écrit à l'Oukil des biens du Beylik de rayer des registres le susdit henchir, conformément aux désirs de V. A., que Dieu conserve, etc.

Copie de la lettre, écrite par le Comité exécutif à l'Oukil des biens du Beylik en date du 21 Rabia Ellaouel 1290.

(Après les compliments d'usage.) Nous avons reçu un Amra de S. A. le Bey, en date du 16 de ce mois Rabia Ellouel n° 488, annonçant que Son Altesse a décrété d'échanger la somme portée sur le budget du gouvernement, soit 75,000 piastres, comme pension annuelle et viagère accordée au Ministre Conseiller, le général Sidi-Khaïr-Eddine contre le henchir Enfida, faisant partie des biens du Beylick, en sorte que ladite somme reste au Gouvernement, et que le Ministre susdit dispose dudit henchir, en qualité de propriétaire absolu.

Son Altesse ayant ainsi décidé définitivement, et lui ayant ordonné d'entrer en pleine jouissance du susdit henchir, à partir du mois d'octobre de l'année 1288 déjà écoulée, en conformité du document établissant l'échange qui a été approuvé et ratifié par Son Altesse, nous ordonne en même temps de faire rayer des registres des biens du Beylik, le susdit henchir, dont la propriété est passée au susdit Ministre.

Nous vous invitons donc à rayer cet henchir des registres déposés dans vos archives, et d'aviser à ce que le transfert de la jouissance de ce domaine soit fait au propriétaire susdit, à partir du mois d'octobre de l'année 1288, conformément aux ordres de Son Altesse. Salut!

de la part du serviteur de son Dieu, le général Ministre conseiller Khaïr-Eddine, Président de la Commission financière que Dieu protège.

Pour copie conforme à l'original :

Signé : V. Villet.
Signé : Mhamed.
Signé : Kair-Eddine.

Pour traduction conforme :

Tunis, le 21 novembre 1880.

Le premier drogman du consulat général de France à Tunis.

Signé : Summaripa.

Vu pour la légalisation de la signature ci-dessus de M. Summaripa, premier drogman de ce consulat général.

Tunis, le 31 décembre 1880.

Le chargé d'affaires de la République française,

Signé : Roustan.

ANNEXE N° 3.

Lettre de S. A. Khéredine Pacha à Clot-Bey, son mandataire.

Constantinople, le 29 novembre 1880.

Mon cher Clot-Bey,

Par la poste d'avant-hier m'est parvenue une lettre collective de MM. le général Mhammed Mrabet, le général Baccouch, le général

Arbi Zarouch, le général Hamida Ben Ayet, le général Hassen Gellouli, le général Sadek Bahri bach-hamba, le colonel Ali Jouine, le schikh l'Ourteni et le receveur général Kaïd Eliaou Semama : avec cette lettre, ces Messieurs me demandent à acheter mes biens vendus à la Société Marseillaise, dans le cas où elle renoncerait à cet achat en me payant le même prix que ladite Société m'en a donné. Ma réponse, que vous devez deviner, a été que lorsque je me suis décidé à réaliser mes biens, j'ai voulu les vendre aux Tunisiens de préférence sur qui que ce soit ; et, dans ce but, je leur ai fait toutes les facilitations ; mais ceux-ci n'ayant pas répondu à mon désir, j'ai vendu toutes mes possessions à la Société Marseillaise, qui en est aujourd'hui propriétaire exclusive, ne restant plus à remplir que les formalités de fait pour la livraison, et je me trouve avoir déjà donné des ordres à mes agents depuis longtemps pour les accomplir.

J'ai reçu en même temps une lettre du Premier Ministre tunisien me déclarant, de la part de S. A. le Bey, que les bruits répandus sur l'intention du Bey de me contester la propriété de l'Enfida sont complètement infondés, et qu'au contraire S. A. a toujours voulu respecter ce qu'elle m'avait donné.

J'ai répondu en remerciant S. A. de cette décision qui maintient ses actes souverains, en ajoutant que, dans le cas contraire, on ne serait arrivé qu'à se donner du tort sans parvenir à aucun résultat.

J'ai répété conséquemment, par ce courrier, l'ordre à Morali de hâter la rédaction de l'acte de vente de tous mes biens à la Société Marseillaise, en toutes bonnes formes devant notaire public, et dans le cas que celui-ci se refusât à la rédaction de cet acte, de vous en avertir pour que vous puissiez agir d'après mes instructions du 15 courant.

En même temps, j'ai reçu, par ledit courrier, une lettre confidentielle du cité Premier Ministre tunisien, dans laquelle il me prie d'accepter la demande des Tunisiens qui veulent acheter mes biens.

Je lui ai répondu également que c'était trop tard, car mes biens sont vendus à la Société Marseillaise.

Veuillez communiquer le contenu de cette lettre confidentiellement à M. Roustan.

Agréez mes salutations amicales,

Signé : KHÉRÉDINE.

ANNEXE N° 4.

Lettre de S. A. Khérédine Pacha à M. E. Zafiropulo à Marseille.

Constantinople, le 9 février 1881.

MONSIEUR,

Votre maison d'ici m'ayant communiqué le désir de M. Albert Rey, directeur de la Société Marseillaise, d'avoir mon opinion sur les prétentions de M. Levy au droit de cheffâa sur la propriété de l'Enfida vendue à ladite Société, je m'empresse, Monsieur, de vous transmettre traduction textuelle des articles de la loi musulmane concernant ce droit.

Vous devez savoir que les articles de loi qui admettent ou qui interdisent l'application de la cheffâa se trouvent dans tous les traités de jurisprudence musulmane. Entre autres, le traité *Dour el Mouktar*, imprimé au Caire en 1872, avec des commentaires en marge de Ebnou Abbedin dit (volume V^{e}, page 138, chapitre Cheffâa):

« Peuvent être causes de cheffâa, c'est-à-dire d'application du droit » de cheffâa, ou le voisinage, ou l'association.

» La cheffâa par voisinage peut être exercée par un ou plusieurs » propriétaires, collectivement, ayant des immeubles touchant peu ou » beaucoup à la propriété en vente; même la communauté de limite, » pour la longueur d'un pan, donne droit à la cheffâa.

» La cheffâa par association est admissible, dans le cas d'un im» meuble possédé en société par plusieurs personnes; si un des asso» ciés veut vendre sa part, tout autre associé, ou groupe d'associés, a » la faculté de la cheffâa, qu'il soit intéressé dans la société, même » pour une part minime. »

Le commentateur (page 140) dit :

« Tout limitrophe à la propriété en vente a droit à la cheffâa; qu'il

» soit musulman ou sujet de l'État mais non musulman, ou esclave
» ayant faculté de son maître d'acheter ou vendre, ou esclave en cours
» de payer à son maître le prix de sa liberté.

» Dans le cas que les deux propriétés auraient l'entrée commune,
» alors le droit de cheffâa peut être exercé non seulement en vertu de
» voisinage, mais aussi en vertu d'association ; les deux voisins ayant
» droit à un même point qui n'est pas divisible. »

Il est dit dans la page 154 du chapitre des Interdictions à la cheffâa :

« Si un homme, en vendant sa propriété, se réserve, par exemple,
» un pic de sa terre du côté de la limite des personnes ayant droit à
» la cheffâa, ce droit ne peut pas être appliqué, car le voisinage à la
» propriété vendue n'existe pas. L'expression : réserve d'un pic de terre
» veut dire un pic de largeur de terre, ou un pan, ou un pouce dans
» toute la longueur de la communauté de limites. »

Voilà, cher monsieur, la loi appliquée suivant le Rite hanéfite. Me basant sur ces lois, je suis persuadé que la prétention de M. Levy est infondée. Comme ce Monsieur ne peut appuyer sa prétention que sur le voisinage, et que le voisinage est détruit par le fait de la bande de terre de un mètre de largeur, que je me suis réservée tout autour des limites de l'Enfida, je suis d'avis que la prétention par Lévy ou tout autre à la cheffâa est impossible.

Agréez, monsieur, mes salutations distinguées.

Signé : KHÉREDINE.

ANNEXE N° 5.

Le Directeur de la Société Marseillaise, eu égard à ses relations avec M. M.-P. Levy, membre Anglais de la Commission financière internationale à Tunis, avait dû s'étonner de l'attitude prise par le frère de ce dernier dans l'affaire de l'Enfida.

Voici l'extrait d'une lettre écrite par M. M.-P. Levy à un de ses amis à Marseille, et qui fera le jour sur la manière dont l'intervention de M. Joseph Levy est appréciée par son plus proche parent :

« Tunis, le 2 novembre 1880.

« .... M. Rey n'ignore pas l'amitié que j'ai pour lui..... et quant à mon frère Joseph, c'est un homme entêté, qui ne se laisse pas convaincre. Dès le commencement de l'affaire de l'Enfida, je lui ai fait des reproches de s'être mêlé avec Ben Ayet, qui lui a assuré un bénéfice de 200,000 (deux cent mille) francs, s'il s'engageait à faire opposition à la Société Marseillaise. J'ai été mortifié de cette affaire, et j'ai échangé des paroles très aigres avec Joseph....

Signé : M.-P. LEVY.

ANNEXE N° 6.

Protestation adressée à M. le chargé d'affaires de la République française à Tunis par M. Chevallier-Rufigny, en date du 17 janvier 1881.

A Monsieur le chargé d'affaires de la République française à Tunis

MONSIEUR LE CHARGÉ D'AFFAIRES,

J'ai l'honneur de vous exposer ce qui suit :

1° Le 14 janvier courant, muni des pouvoirs de la Société Marseillaise, je me suis rendu dans une propriété nommée Enfida, que mes mandants ont régulièrement acquise de S. A. Khérédine-Pacha, pour recevoir livraison de cet immeuble des mains du colonel Mustapha Morali, mandataire du vendeur. Ce dernier m'accompagnait ainsi que M. Clot-Bey, secrétaire particulier dudit Khérédine-Pacha ; de plus, vous aviez bien voulu autoriser M. le Chancelier de votre Consulat Général à Tunis à se joindre à moi.

La mise en possession de l'immeuble fut régulièrement effectuée par le colonel Morali dès notre arrivée à la limite Est de la propriété, en présence d'un Notaire tunisien et du Chancelier du Consulat de France. Cependant, parvenus à la maison d'habitation, nous trouvâmes assis devant la porte un Européen, qui ne tarda pas à nous suivre dans la cour d'entrée, sans que nous y eussions pris garde.

Aussitôt averti de l'insistance que cet homme mettait à demeurer dans un immeuble appartenant à mes mandants, je crus de mon devoir d'aller avec le colonel Morali lui demander des explications.

Il déclara avoir été commis à la garde de cet immeuble par ordre de quelqu'un, qu'il refusa de nommer, et ajouta qu'il n'en sortirait que lorsqu'il y serait invité par celui-là même qui l'avait envoyé.

M. le Chancelier lui fit remarquer qu'il violait un domicile français, et l'invita à faire cesser cette violence. Il répondit qu'il était Sujet Anglais, qu'il ne reconnaissait d'autre autorité que celle de son consulat, qu'il se nommait Schembri et qu'il faudrait user de la force pour l'expulser. C'est ce que nous étions dans l'intention de faire, le colonel Morali et moi ; mais M. le Chancelier intervint, nous engageant à n'en rien faire, dans l'espoir que notre grande modération le ferait revenir sur son étrange détermination.

Quelque temps après, nous le vîmes en effet s'éloigner, et, pour éviter tout conflit, je donnai des ordres pour que les portes fusssent tenues fermées. Malheureusement, ces ordres ne furent pas exécutés, et je ne saurais préciser le moment où il s'introduisit de nouveau clandestinement dans l'immeuble que nous occupions.

En présence de cette persistance, fort de mon bon droit, dans l'impossibilité du reste où je me trouvais de constater son identité, ses allures me paraissant absolument insolites et suspectes, puisqu'il refusait et de nous nommer la personne qui l'avait soi-disant envoyé, et de nous fournir une preuve quelconque qu'il n'était pas un malfaiteur, je priai M. le Chancelier de lui faire de nouveau remarquer l'illégalite de l'acte qu'il commettait et qui me mettait dans la situation de légitime défense. M. le Chancelier voulut bien intervenir de nouveau, lui faire, par un interprète, les observations que je l'avais prié de transmettre ; et il crut même devoir ajouter que, dans le cas où il viendrait faire une protestation quelconque, soit en son nom soit au nom d'autrui, il était prêt à l'enregistrer lui-même et à l'entendre devant les témoins qu'il désignerait, à condition qu'il agît soit en son nom, soit au nom d'une personne dont il serait régulièrement le mandataire.

Le prétendu Schembri persista à refuser, et nous nous sommes alors trouvés dans l'obligation de le faire expulser, sans du reste lui avoir fait subir aucun mauvais traitement.

Cette mesure me paraissait d'autant plus urgente à l'approche de la nuit que le Sous-Gouverneur de la localité s'était fait excuser par son frère de remettre au lendemain la visite de bienvenue qu'il se proposait de nous faire, par le motif qu'il était à la recherche de malfaiteurs, qui avaient commis, ce jour-là même, sur le territoire de l'Enfida, un vol de dix-huit chameaux appartenant aux fermiers de la propriété. Le Sous-Gouverneur est effectivement venu en personne le lendemain, nous a renouvelé très gracieusement ses excuses et nous a confirmé le renseignement que son frère nous avait donné.

2° Cette violation d'un domicile français n'a pas été malheureusement la seule qui se soit produite lors de mon séjour à l'Enfida. En dehors d'un indigène dont la conduite a été identique à celle du nommé Schembri (cet indigène mal famé dans le pays est connu du colonel Morali), des Arabes seraient venus labourer des champs qui font partie des propriétés de la Société Marseillaise, et dont ils n'étaient pas locataires. Tel est, du moins, le renseignement qui m'a été donné par diverses personnes. Comme j'étais dans l'impossibilité matérielle de les poursuivre, chacun, dans un si vaste domaine, où ils pouvaient facilement se soustraire à mes recherches, je me suis borné, dès que j'ai eu connaissance de ces faits, à protester immédiatement entre les mains de M. le Chancelier contre cette violation de domicile faite par des sujets d'un Prince ami de la France, me réservant de m'adresser plus tard à qui de droit pour faire cesser cette inqualifiable conduite.

3° Il m'a été dit, depuis, que ces indigènes et le prétendu Schembri auraient été envoyés par un certain sieur Levy, Sujet Anglais ou protégé de cette nation, qui prétendrait exercer ainsi un droit de cheffâa, *sous le prétexte infondé* qu'il serait voisin contigu de l'immeuble que mes mandants avaient acquis. Néanmoins, je dois dire que le soi-disant Schembri ne m'a pas nommé la personne qui, disait-il, l'avait envoyé; qu'il a, au contraire, refusé de le faire et qu'il aurait été bien facile au nommé Levy de venir lui-même faire une protestation quelconque, puisqu'il a passé en voiture sur la route de Kérouan devant la maison, à 20 mètres environ de l'endroit où nous nous trouvions tous, en ayant l'air, au contraire, de se dérober à nos yeux. Il aurait pu même parler à son soi-disant mandataire, Schembri, qui était alors hors de la maison, et près duquel il a passé.

En conséquence de ces faits, Monsieur le chargé d'affaires, je viens au nom de mes mandants, protester, de la façon la plus énergique, contre la violation de domicile dont ils ont été victimes, vous priant, au besoin, de faire faire une enquête sur l'identité, la nationalité et les intentions de l'Européen, prétendant se nommer Schembri, pour qu'il soit donné telle suite que de droit à la plainte que j'ai l'honneur de vous transmettre contre cet homme, en violation de domicile et de propriété française.

Je formule également la même protestation contre tout indigène qui se permettrait, au mépris des traités, de renouveler les actes que je vous ai signalés, vous priant de vouloir bien prendre toutes les mesures de nature à obtenir réparation des dommages qu'ils ont commis au profit de mes mandants;

Faisant, du reste, toutes réserves contre le sieur Levy, dans le cas où il serait, comme il m'a été dit, le promoteur de ces actes de violence inqualifiables.

Je vous prie également, Monsieur le chargé d'affaires, de vouloir bien transmettre à M. le Consul général d'Angleterre à Tunis la présente protestation, aux fins que de droit, et autant qu'elle concernerait un de ses administrés.

Veuillez agréer, Monsieur le chargé d'affaires, l'assurance de ma haute considération.

Signé : H. CHEVALLIER-RUFIGNY,

Mandataire de la Société Marseillaise.

ANNEXE N° 7.

Lettre protestative de M. Chevallier-Rufigny à M. le chargé d'affaires de la République française à Tunis.

MONSIEUR LE CHARGÉ D'AFFAIRES,

J'ai l'honneur de mettre sous vos yeux la copie d'un rapport de M. d'Anger, que j'ai envoyé à l'Enfida pour m'y représenter pendant que j'avais à prendre possession des autres immeubles vendus à la Société Marseillaise par S. A. Khérédine-Pacha et à veiller à la mise en règle de tous les titres de propriété.

Comme vous pourrez le voir, ce rapport confirme les renseignements télégraphiques que j'avais déjà reçus de M. d'Anger sur l'attitude des populations de l'Enfida et particulièrement des Ouégafs ou chefs de section de ce vaste domaine.

Les dispositions de ces populations se sont complètement modifiées depuis le 14 janvier, jour auquel j'ai pris possession de l'Enfida au nom de mes mandants. Tandis que j'avais trouvé les Ouégafs parfaitement sympathiques aux acquéreurs français, nous ne rencontrons aujourd'hui que des défiances, des refus d'obéissance, en attendant, sans doute, des actes plus déclarés d'hostilité.

C'est que, depuis le 14 janvier, le Gouvernement Tunisien a usé de tous ses moyens d'action pour intimider des hommes qui sont ses sujets. Aucun ne prend au sérieux le sieur Levy. Ils savent parfaitement que cet individu n'est qu'un prête-nom. Ils n'ignorent pas davantage que l'exercice du droit de cheffâa est rendu impossible par la réserve que Khérédine s'est faite d'une bande de terrain tout autour de toutes les limites de l'Enfida. Mais ils ont peur du Gouvernement du Bey, dont les menaces pourraient se traduire un jour par des redoublements d'exactions et par la bastonnade. Aussi demandent-ils qu'on leur présente un Amra du Bey. D'après un nouveau télégramme, que j'ai reçu hier soir de M. d'Anger, c'est le cri général à l'Enfida : *Nous reconnaîtrons pour propriétaire celui qui aura un Amra.*

Tandis que le sieur Levy dispose de toutes les autorités et ne néglige personnellement aucun moyen pour effrayer et fanatiser les populations, nous voyons nos droits méconnus, notre propriété violée par des Siciliens, des Maltais, des Indigènes enrégimentés et armés ; nos actes sont considérés comme non avenus, bien qu'ils aient été régulièrement passés suivant les usages du pays, et avec les précautions légales, pour rendre la cheffâa impossible ; on ne tient aucun compte du paiement que nous avons fait du prix, du droit de caroube et du timbre ; enfin, on ne se préoccupe pas davantage de ce que la cheffâa, en admettant qu'elle fût possible, n'a été faite dans aucune des conditions légales de notification et de dépôt réel du prix.

Toutes ces violences ont d'ailleurs un but bien évident : nous faire sortir de notre rôle de défendeurs pour nous attirer devant le tribunal du charâa et faire invalider par une justice docile le titre de l'Enfida, qui est le plus solide de tous les actes Souverains de même nature consentis par le Bey, attendu qu'il a été confirmé par le Comité exécutif.

J'ai l'honneur, Monsieur le chargé d'affaires, de déférer tous ces faits à votre haute appréciation. Fort de vos bons conseils, je partirai demain matin pour l'Enfida pour y faire toutes les constatations propres à jeter une nouvelle lumière sur ces intrigues déjà percées à jour, et je m'empresserai, aussitôt mon retour, de vous rendre compte du résultat de ma tournée.

Veuillez, etc...

Signé : H. Chevallier-Rufigny.

Tunis, le 3 février 1881.

ANNEXE N° 8.

Rapport de M. d'Anger.

En passant près du village de Chegharnia, dans une tournée que je faisais ce matin, 2 février, je m'étais arrêté à plus de cent mètres de toute habitation pour demander à une des personnes qui m'accompagnaient si une maison qui se trouve au milieu des gourbis n'était pas celle d'un ouégaf ou d'un chef de douar.

J'avais avec moi M. Allegro, interprète, deux cavaliers du personnel de la Société, le chaouch Hadj Salah et le chef des ouégafs, Hadj Meftah.

Au moment où nous arrivions, j'avais vu un Arabe assez richement vêtu s'éloigner du village, et en m'arrêtant pour poser au chaouch la question relatée plus haut, j'avais tourné mon cheval du côté de cet Arabe, pensant qu'on allait me répondre : « *Elle appartient à celui que tu vois s'éloigner* » et avec l'intention d'aller à lui. Mais à peine étions-nous arrêtés que cet Arabe, Hadj Amor El Bahri bel Bahri, notaire de l'Enfida, et fellah, se retournait, et arrivé près de nous, me demandait d'un ton insolent pourquoi je m'arrêtais. Avant de s'adresser à moi, il avait salué le chaouch et le chef des ouégafs. Il cachait un fusil sous son burnous. Je lui fis dire par l'interprète que j'étais le représentant de la Société Marseillaise, propriétaire de l'Enfida, que je visitais la propriété, et que si je m'étais arrêté, c'était dans le but de le saluer en supposant qu'il était ou ouégaff ou chef de douar.

« Je ne vous connais pas, faites moi voir un ordre du charâa, je ne connais comme oukil que Jusef Levy ; pourquoi vous arrêtez-vous ici, ce n'est pas un chemin, allez-vous en ! »

Ces paroles ayant été dites sur un ton des plus insolents, je lui fis demander son nom. Non seulement il refusa de le donner, mais sa réponse fut tellement grossière que je ne puis la consigner dans ce rapport. Il a ensuite ajouté : « Je me moque de vous et de ceux que vous dites les propriétaires et qui ne le sont pas, partez, partez ! » Et se tournant vers le chaouch et le chef des ouégafs : « Comment osez-vous amener ces gens-là ici ? »

Tout en parlant, il s'était rapproché de mon cheval et avait mis la main sur le fusil caché sous son burnous. Sans avoir l'air de remarquer ce mouvement, je lui dis alors d'un ton très calme :

« Je rendrai compte de ta conduite, et il est probable qu'une plainte sera portée au Ministère. »

« Je me moque (ce ne sont pas là ses termes) du Ministre et de vous tous, soyez maudits, sortez de chez nous je ne veux pas vous connaître, je ne crains ni le Ministre ni vous, je crains Dieu ! »

Le cavalier Amor (de notre personnel), ayant voulu lui dire qu'il avait tort, pour un homme instruit, de se conduire de la sorte et de provoquer des gens qui ne lui disaient rien et ne faisaient rien de contraire aux usages, il a répondu par des injures tellement grossières à l'adresse des Français et des Musulmans qui les servent, qu'il m'est impossible de les consigner dans ce rapport.

Je me suis retiré après avoir obtenu à grand peine du chaouch le nom de cet Arabe qui lui avait dit : « Tu t'exposes beaucoup et c'est très mal de ta part d'accompagner ces gens-là. »

En passant dans les figuiers de Barbarie, nos cavaliers ont aperçu plusieurs hommes armés, qui y étaient cachés, prêts à faire feu sur nous.

L'intention d'en venir aux mains de la part du nommé Hadj Amor ne peut être mise en doute, et si un homme de son caractère, — il passe pour être très paisible — a commis un acte de provocation aussi évident, il est parfaitement certain qu'il avait reçu des ordres en ce sens.

Du reste, l'ordre a été donné dans tous les douars, non seulement de nous dire qu'on ne nous connaissait pas si nous nous présentions, mais encore de se tenir sur ses gardes, et que les hommes soient armés. Les ouégafs et autres chefs ont tellement été effrayés des représailles qu'on leur a dit devoir être exercées contre eux, dans le cas où il se montreraient favorables aux intérêts de la Société Marseillaise, que deux d'entre eux qui m'ont accompagné dans une tournée, disaient aux Arabes que j'étais venu pour visiter le pays et prendre des notes, mais ils se gardaient bien de décliner ma qualité de représentant de la Société. En outre, ils disaient que s'ils m'accompagnaient, c'était uniquement dans le but de m'être agréables et non pas pour un service commandé.

Comme dans toutes mes tournées sur la propriété, j'étais sans aucune arme ainsi que l'interprète.

Je suis actuellement profondément convaincu que, non seulement nous ne pouvons *compter sur personne ici*, mais encore que nous n'y avons que des ennemis ; tout cela par ordre du *Cadi*, c'est-à-dire du *Gouvernement Tunisien*. La population a été surexcitée par ses chefs religieux, et j'en suis à me demander comment j'ai pu éviter un conflit ce matin. Aucun Arabe ne veut travailler pour nous; cela leur a été formellement défendu.

Je n'ai pu trouver ni hommes, ni chevaux pour aller à Sousse, en offrant le prix qu'on demanderait, et j'ai dû y envoyer deux fois le même spahis. Nous perdons chaque jour de notre prestige, les Arabes nous regardent, non seulement d'une façon dédaigneuse, mais provocante. Ils ont tous l'ordre du cheik *Abdesselem*, de ne pas nous reconnaître et de nous refuser tout concours.

Signé : MARTIN D'ANGER.

ANNEXE N° 9.

Lettre de M. Chevallier-Rufigny à M. le Chargé d'affaires de la République française à Tunis.

Tunis, le 10 février 1881.

MONSIEUR LE CHARGÉ D'AFFAIRES,

Je m'empresse de porter à votre connaissance que, m'étant rendu à l'Enfida, comme j'avais eu l'honneur de vous en prévenir par ma lettre du 3 février courant, j'ai recueilli de la bouche de trois des ouégafs la déclaration que, vers la fin de janvier dernier, un Maltais, se disant envoyé par le sieur Levy Joseph, s'est présenté à eux, assisté de deux notaires et porteur d'un ordre du Cheik de l'Islam de Tunis, défendant à tous les ouégafs de l'Enfida de livrer à qui que ce soit, avant d'avoir reçu un ordre formel du charâa, la note des baux qu'ils ont passés pour le fermage des terres de l'Enfida.

Cette déclaration a été faite devant un notaire, que j'avais eu soin d'emmener avec moi, et qui est autorisé à instrumenter à l'Enfida en vertu de pouvoirs spéciaux qui remontent à l'époque où S. A. Kéré-dine-Pacha était premier ministre du Bey de Tunis.

Néanmoins, ce notaire n'a pas pu me délivrer copie des déclarations qu'il a reçues en cette circonstance, parce qu'il lui aurait fallu, m'a-t-il dit, une autorisation spéciale du Cadi.

Je joins donc seulement ici des copies non signées de ces actes traduits. (Pièces n°s 1 et 2.)

L'Enfida, que mes mandants ont régulièrement acquise, conformément aux lois du pays, pour laquelle ils ont payé les droits de mutation et de timbre, et dont ils ont acquitté le prix, se trouve ainsi mise, en quelque sorte, sous le séquestre, sous le prétexte d'un droit de cheffâa, que la bande de terrain réservée par le vendeur rend légalement impossible.

Mais qu'importe à nos adversaires de se placer au-dessus des lois du pays! Ils savent parfaitement qu'ils ne sont pas en règle; leur seul but, comme j'ai eu l'honneur de vous le dire par ma lettre du 3 février, est de nous amener à les attaquer devant le tribunal du Charâa, et à nous faire renoncer au bénéfice de la situation de défendeurs qui nous appartient légalement.

Défendeurs, nous sommes libres, selon la loi tunisienne, de choisir notre rite et d'opter pour le rite malékite qui ne reconnaît pas le droit de cheffâa. Tout l'échafaudage de nos adversaires tombe devant cette situation légale.

Demandeurs dans une action contre la prétendue cheffâa exercée par le sieur Levy, nous nous déclarerions par cela même hanéfites, et nous nous livrerions à une justice qui est pour nous à l'état de suspicion légitime, et qu'aucune illégalité n'arrêtera.

Tel est le piège dans lequel on cherche à nous entraîner à la faveur des subtilités de la loi musulmane, et grâce à la complicité de toutes les autorités tunisiennes.

Nous éviterons d'y tomber; car c'est là tout le secret des actes de violence et de ruse auxquels se livre le sieur Levy, pour le compte du groupe tunisien dont il n'est que le prête-nom.

J'ai encore appris que cet individu a fait remettre à nos ouégafs des lettres de nomination les instituant comme siens ; et bien que ces lettres aient été remises vers la fin de janvier par le même Maltais, qui était porteur de l'ordre du Cheik de l'Islam dont il est parlé plus haut, elles n'en portent pas moins la date du 12 janvier, jour auquel le sieur Levy, au nom de son prétendu droit de cheffâa, a commencé ses actes de violence sur l'Enfida. Cette fraude résulte clairement de la déclaration ci-annexée. (Pièce n° 2.)

Le sieur Levy compterait sans doute s'en servir devant le tribunal du Charâa pour se dire matériellement en possession de l'Enfida avant nous, qui n'en avons pris possession que le 14 janvier.

Mais qu'importent toutes ces subtilités, du moment que la Cheffâa est rendue illégale par la réserve de la bande de terrain au profit du vendeur? Elles ne sauraient rendre légale une prise de possession de la part du sieur Levy. C'est pourquoi on ne peut les comprendre qu'en se plaçant au point de vue de nos adversaires, qui espèrent nous amener devant le Charâa comme demandeurs, et cherchent à fournir des prétextes à une décision rendue d'avance contre nous.

C'est ainsi que leur but apparaît manifestement dans tous leurs actes.

Rien de plus naturel, dans ces conditions, que de les voir appeler le mensonge à leur aide.

Comme, à leur grand regret, nous sommes en possession de la maison d'habitation de l'Enfida, qui représente la vraie possession de la propriété, je suis obligé de la faire garder constamment, dans la crainte qu'elle ne soit envahie par surprise. J'y ai donc mis un Français entouré de quatre gardes Algériens français. Cette simple précaution a servi de prétexte à nos adversaires pour faire retentir la presse de prétendus conflits qui auraient eu lieu à l'Enfida, alors que toutes leurs provocations n'ont pu nous faire sortir du calme qu'inspire la conscience de son droit.

J'envoie à l'Enfida des laboureurs, des charrues, des chevaux; c'est aussitôt une expédition qui part pour s'emparer de la propriété de vice force, comme si l'Enfida était une propriété rurale ordinaire, et non une vraie province de 200 kilomètres de pourtour.

Je fais revenir ces mêmes laboureurs, parce que la saison des ensemencements est terminée, et qu'un propriétaire sérieux n'a pas besoin, pour constater son droit, de se livrer à des travaux de fantaisie. Aussitôt, le bruit se répand que mes mandants abandonnent l'Enfida à leurs adversaires.

Je proteste donc devant vous, Monsieur le Chargé d'affaires, contre tous les faits et contre toutes les imputations que je viens de vous signaler, en vous priant de vouloir bien tirer de ma protestation telles conséquences que de droit.

Quant à nous, nous avons toute confiance que les manœuvres de nos adversaires ne sauraient prévaloir contre notre droit de propriété basé sur les lois locales et soutenu par votre appui.

Veuillez agréer, Monsieur le Chargé d'affaires, l'hommage de ma haute considération,

Signé : H. Chevallier-Rufigny,

Mandataire de la Société Marseillaise.

PIÈCE N° 1.

Louange à Dieu.

Cejourd'hui, le très honoré et respecté Henri Chevallier-Rufigny, agent des propriétaires de l'enchir Enfida, a demandé aux honorés Hadj Mefta ben Amor Neffati, ouégaf d'Enfida et son frère El Hadj Ali, ouégaf de Gharsi, faisant partie dudit henchir, de lui livrer les notes des baux passés pour le fermage des terres de ces deux localités avec les fellahs, l'année dernière, 1297, et exigibles l'été de l'année courante 1298.

Ils lui ont répondu que, vers la fin du mois de sfar dernier, un Maltais s'est présenté à eux et leur a déclaré qu'il était envoyé par Yousef Levy. Cet individu était porteur d'un ordre du Cheik El Islam de la capitale (Tunis) et était assisté de deux notaires du village de Acouda, dont un, nommé Kassem ben Salem.

Le contenu de cet ordre adressé aux notaires et à Hadj Mefta susdits, suivant leurs dires, portait défense à tous les ouégafs de l'Enfida de livrer les baux précités à qui que ce soit, avant d'avoir reçu un ordre formel du charâa, et, à cause de cela, ils se trouvent dans l'impossibilité de livrer ces notes, vu leur soumission au Cheik El Islam.

Les deux frères précités déclarent également que, dans le courant du mois passé, Yousef Levy susnommé s'était présenté à eux en leur disant qu'il avait exercé la cheffâa sur l'henchir Enfida, qu'il en avait pris possession, que c'était lui qui en disposait et qu'il leur avait donné en même temps des nominations (teskerés) signés par lui, les nommant ouégafs des deux localités susdites.

Fait à la date du 7 rabia 1er, 1298.

OBSERVATION

Le notaire, interrogé sur le point de savoir s'il pourrait délivrer une copie de ce procès-verbal, a déclaré qu'il lui faudrait pour cela une autorisation spéciale du Cadi.

PIÈCE N° 2.

Le demandeur précité a requis de même l'honoré Hadji Salah ben Gasem el Mheddebi, ouégaf du henchir El Kley, de lui livrer la note des baux passés par lui avec les fellahs de cette localité, à l'époque des semailles de l'année 1297 exigibles l'été de l'année 1298, comme il est dit ci-dessus.

Il lui répond que, vers la fin du mois passé ou vers le commencement de ce mois, il ne le savait pas au juste, s'est présenté à lui l'honoré Ahmed el Troudi, agent de Youssef Levy, muni d'un ordre écrit du Cheik el Islam et assisté de deux notaires du village de Acouda.

La teneur de l'ordre du Cheikh el Islam, d'après ce qui lui a été signifié par les notaires, portait défense à tous les ouégafs de l'Enfida de liver les baux susmentionnés à qui que ce soit sans un ordre du charâa ;

Qu'à cause de cela et par soumission au charâa, il refuse de livrer sa note de baux au demandeur.

Ledit ouégaf déclare, en outre, que le jour même que cet ordre lui a été signifié par les notaires susdits, un d'eux lui a remis un teskerě de Youssef Levy, par lequel, en sa qualité de propriétaire du henchir Enfida, par droit de cheffâa, il le nommait ouégaf de ladite localité et l'autorisait à exercer ses fonctions (de ouégaf), suivant les usages précédents.

Écrit le 9 rabia 1er 1297.

ANNEXE N° 10.

Note sur le fait de M. Levy, prétendant exercer la cheffâa sur l'Enfida.

§ 1.

M. Levy a agi sans droit, et les actes auxquels il s'est livré ne sont purement et simplement que de la violence, parce qu'il n'est pas le voisin de l'Enfida telle que la Société Marseillaise l'a acquise.

S. A. Kérédine-Pacha s'est, en effet, réservé en toute propriété (melk) une bande d'un mètre de terrain entourant toutes les limites de la totalité de l'Enfida, ce qui exclut absolument tout voisinage autre que celui du vendeur lui-même.

M. Levy peut donc être resté le voisin de S. A. Kérédine Pacha; mais il n'est pas devenu le voisin des acquéreurs, qui sont isolés *aussi bien des propriétaires d'enclaves que des propriétaires de terrains contigus*, au moyen d'une barrière légalement infranchissable.

Si l'on vient à prétendre que c'est là une subtilité, il y a lieu de répondre que le droit de cheffâa est lui-même un droit excessif, qui n'est admis que par le rite hanéfite, et qu'en fait de subtilités, il n'est pas moins extraordinaire de voir un propriétaire de quelques centaines d'hectares vouloir absorber une propriété de 80,000 hectares par un motif de contiguïté. *La kemtcha medjoulha*, qui est également autorisée par la loi, n'est pas elle-même autre chose qu'une subtilité.

La loi a donc corrigé un droit rigoureux par suite de ces procédés familiers aux législations anciennes empreintes de formalisme. *Le droit Prétorien* à Rome ne fit pas autre chose que de corriger ainsi perpétuellement les rigueurs du *droit strict*, et il est incontestable que le droit Musulman s'est imprégné de la législation Romaine.

Au surplus, l'effet de la bande de terrain pour préserver l'acheteur contre la cheffâa n'est pas une chose qui soit sujette à discussion. La bande de terrain est en effet légale ; elle est d'un usage constant ; aucun tribunal Musulman n'a jamais élevé là-dessus aucun doute.

§ 2.

Si M. Levy eût été en droit de faire la cheffâa, il eût dû, au moins, se conformer aux prescriptions du rite hanéfite pour l'exercice de ce droit.

Or, en premier lieu, il ne l'a pas signifié régulièrement. C'est au Consul d'Angleterre qu'il a notifié qu'il faisait la cheffâa, et le Consul d'Angleterre a transmis, à son tour, cette notification au Chargé d'affaires de France. Un tel procédé est absolument inusité. Jamais le représentant d'une puissance étrangère ne s'adresse directement au représentant d'une autre puissance étrangère pour des matières concernant les lois locales. C'est pourquoi le Chargé d'affaires de France n'a pas même transmis aux acquéreurs une notification, qu'il a considérée, à bon droit, comme absolument irrégulière.

La cheffâa eût dû être notifiée suivant les formes indiquées dans la *pièce annexe nº 1 ci-dessus*. Le Cadi eût dû appeler devant lui les parties, et décider si la cheffâa était, ou non, acceptable, et le prix aurait dû être offert d'une manière effective.

Admettons, pour un moment, que les acquéreurs aient convenance à accepter la cheffâa. Où trouveraient-ils leur argent ?

§ 3.

Mais ne supposons pas que l'argent ne soit pas prêt. Considérons-le, au contraire, comme déjà déposé, quoique M. Levy n'ait fait connaître ni le lieu du dépôt, ni le montant de la somme déposée. Sans doute M. Levy a une autre raison pour ne pas se conformer aux usages locaux et faire appeler les acquéreurs devant le Cadi.

Cette raison, la voici : c'est que les acquéreurs appelés devant le Cadi comme défendeurs ont, par ce seul fait qu'ils sont défendeurs, le choix de leur rite et qu'ils n'ont qu'à se déclarer malékites pour repousser la cheffâa, qui est un droit spécial au rite hanéfite.

Alors les faits de violence exercés par M. Levy sur la propriété de l'Enfida s'expliquent comme ayant pour but de déterminer les acquéreurs à l'attaquer devant la juridiction locale, c'est-à-dire à assumer le rôle de demandeurs, ce qui impliquerait aussitôt de leur part qu'ils acceptent le rite hanéfite.

Or, cette première victoire remportée pourrait avoir contre les acquéreurs de graves conséquences, parce qu'une fois demandeurs devant le Cadi, ils se trouveraient en présence d'un juge qui est pour eux à l'état de suspicion légitime.

Ils ont en effet déjà éprouvé ce qu'ils ont à attendre de cette justice, lorsqu'ils ont présenté au Cadi hanéfite le titre de propriété de l'Enfida en vue d'être autorisés à faire le *kemtcha medjoulha*. Le Cadi leur a répondu par un refus, sous prétexte d'irrégularité du titre, alors que cet acte était revêtu du sceau du Bey et que la seule apposition de ce sceau interdit de la manière la plus absolue toute discussion sur la validité dudit acte.

Les acquéreurs, forts de leur bon droit, n'ont qu'à rester sur la défensive, à éviter tout acte qui pourrait impliquer d'une manière plus ou moins indirecte qu'ils prennent acte de cette prétendue cheffâa.

Pour eux, il n'y a pas de cheffâa et il ne peut pas y en avoir. Ils n'en ont reçu aucune signification, et ils n'ont connaissance que de faits de violence contre lesquels, dans tous les pays du monde, les honnêtes gens doivent protester.

Tunis, 24 janvier 1881.

H. Chevalier-Rufigny,
Mandataire de la Société Marseillaise.

IMPRIMERIE CENTRALE DES CHEMINS DE FER, A. CHAIX ET Cie, RUE BERGÈRE, 20, A PARIS. — 4652-1.

www.ingramcontent.com/pod-product-compliance
Ingram Content Group UK Ltd.
Pitfield, Milton Keynes, MK11 3LW, UK
UKHW020422230726
13925UKWH00004B/1570

9 782014 051827